Die Reihe ZEHN HYPNOSEN geht weiter …

… Jetzt auch im günstigen Textabo **_HypnoService_** bereits vor Veröffentlichung im Buchhandel …

Jahresabo mit 24 Ausgaben

Zweijahresabo mit 48 Ausgaben

Sie erhalten als Textabonnent die Texte der neuen Bücher jeweils einige Tage vor Veröffentlichung im Buchhandel als PDF-Datei (per E-Mail) und Sie zahlen weniger als die Hälfte des Buchpreises. Und für die Freunde der Fantasiereisen bieten wir ein entsprechendes Abo mit Trancegeschichten an – unseren **Traumland***Express*.

Infos und Buchung auf www.praxissimon.de

Zehn Hypnosen - Band 39

Herzangstneurose, Herzphobie

Zehn Hypnosen - Band 39

Herzangstneurose, Herzphobie

Copyright © 2016 Ingo Michael Simon
All rights reserved.
ISBN-13: 978-1530727254
ISBN-10: 1530727251
Alle Rechte liegen beim Autor
Kontakt: www.praxissimon.de

Inhaltsverzeichnis

Vorwort 7

Das Baukastensystem 8

Einleitungen 13

Vertiefungen 16

Förderung der Compliance 19

Hauptteile 22

Übergang zur Ausleitung 62

Ausleitung der Trance 65

Buchhinweise 68

Hauptteile mit posthypnotischem Auftrag

    Gesundes Herz 22
    Klassische Suggestion

    Vertrauen in dein Herz 26
    Steigerungssuggestion

    Angst trennen 30
    Meditativ-energetische Hypnose

    Ganz selbstverständlich 34
    Affirmationshypnose

    Darauf kommt es an 38
    Ich-Suggestion

    Ruhe, so wie jetzt 42
    Ankertechnik

    Von außen nach innen 46
    Somato-emotionale Hypnose

    Hand aufs Herz 50
    Ideomotorik

    Ich atme ein. Ich atme aus 54
    Selbsthypnose-Trigger

    Die Straße der Angst 58
    Fantasiereise (Traumlandtherapie)

Der Autor

Ingo Michael Simon studierte Psychologie und Pädagogik und ist Hypnosetherapeut mit Praxistätigkeiten in Südwestdeutschland und in der Schweiz. Mit Hilfe hypnosegestützter Psychotherapie behandelt er vor allem Menschen mit anhaltenden psychischen Leiden. Angststörungen, pathologische Zwänge und psychosomatische Erkrankungen bilden den Schwerpunkt seiner Praxistätigkeit. Zu seinen therapeutischen Angeboten gehören hauptsächlich klassische und moderne Hypnoseanwendungen und die von ihm selbst entwickelte Traumlandtherapie.

Wichtiger Hinweis

Die Inhalte dieses Buches beruhen auf den praktischen Erfahrungen des Autors mit Hypnoseanwendungen und Psychotherapie im Zustand der Trance. Obwohl sich der Autor um größtmögliche Sorgfalt bemüht hat, können Fehler oder Missverständnisse in der Darstellung nicht vollkommen ausgeschlossen werden. Die therapeutische Arbeit mit Menschen sowie die Anwendung der Hypnose obliegen ausschließlich der Verantwortung des Hypnotiseurs. Es kann nicht ausgeschlossen werden, dass Teile dieses Buches falsch verstanden werden oder die Anwendung eines vorgestellten Verfahrens eine ungewünschte Reaktion beim Klienten bewirken kann. Eine Mitverantwortung des Autors besteht auch dann nicht, wenn unter Hinweis auf die Ausführungen dieses Buches mit einem Klienten gearbeitet wird.

Vorwort

Dieses Buch gehört zu einer fortlaufenden Reihe von Textsammlungen zur Anwendung von Hypnose. Jedes Buch der Reihe enthält zehn Hypnosehauptteile zu einem bestimmten Thema. Außerdem finden Sie Textvorlagen für die weiteren Bausteine einer gelungenen Hypnosesitzung, die Sie frei miteinander kombinieren können. Mit diesem modularen Aufbau steht Ihnen ein Baukastensystem für Ihre Hypnosesitzungen zur Verfügung. Wenn Sie bereits mit eigenen, bevorzugten Einleitungen oder Vertiefungen arbeiten, bauen Sie einfach den jeweiligen Hauptteil in Ihren Ablauf ein. Viele frisch ausgebildete Hypnotiseure klagen darüber, zu wenige Suggestionstexte verfügbar zu haben, und in der Tat gibt es nur sehr wenig hierzu in Büchern oder bei Ausbildungsveranstaltungen. Sicherlich lernt jeder, der mit Hypnose arbeitet, früher oder später, eigene Texte frei zu formulieren. Daran misst sich allerdings nicht die Qualität der Arbeit. Die Art des Vortragens der Suggestionen und die Überzeugungskraft des Therapeuten sind oft viel ausschlaggebender als die einzelnen Formulierungen. Dennoch zeigt meine Erfahrung, dass bestimmte Formulierungen und ein ganz bestimmter Aufbau einer Hypnosesequenz sehr stark über den Erfolg der Arbeit mit entscheiden können. Ich verzichte ganz gezielt auf theoretische Ausführungen und auf Hinweise zum nonverbalen und paraverbalen Anteil der Sitzung. Ich gehe davon aus, dass die Leserinnen und Leser dieses Buches zumindest über eine abgeschlossene Grundausbildung in Hypnose verfügen und wissen, wie die Texte eingesetzt werden können.

Ingo Michael Simon

Das Baukastensystem

Nachdem bereits das dritte Buch dieser Reihe erschienen war und mich viele Zuschriften von Leserinnen und Lesern erreichten, die meine Texte mit Freude und Erfolg in ihrer Arbeit benutzen, beschloss ich, die drei ersten Bände neu zu schreiben bzw. umzuschreiben und den Aufbau der Bücher grundlegend zu verändern. Die Rückmeldungen haben gezeigt, dass der Bedarf an weiteren Texten hoch ist, dass das Bedürfnis nach noch mehr Flexibilität und Individualität ebenfalls berücksichtigt werden sollte. Einerseits habe ich dieses Buch geschrieben, um Ideen zu geben, Beispiele greifbar zu machen und zu zeigen, wie Hypnosen im Praxisalltag tatsächlich aussehen können. Andererseits ist es aber auch als Lese- oder genauer gesagt Vorlesebuch konzipiert. Es spricht nämlich überhaupt nichts dagegen, einen Hypnosetext vorzulesen. Er wird dadurch nicht schlechter. Während ich in den älteren Ausgaben der ersten drei Bände zusammenhängende Texte für zehn Hypnosesitzungen aufgeschrieben habe, bin ich später dazu übergegangen, Texte für die einzelnen Bausteine der Hypnosesitzung zu schreiben, die dann jeweils mit den fertig ausformulierten Hauptteiltexten frei kombiniert werden können.

Der Aufbau und Ablauf einer Hypnose wird von verschiedenen Autoren und Ausbildern unterschiedlich beschrieben, wobei die meisten jedoch der gleichen Grundidee folgen. Ich bevorzuge nicht nur einfache Abläufe, sondern auch nachvollziehbare Gliederungen und unterscheide in dieser Buchreihe daher sieben Schritte einer Hypnosesitzung. Für jeden Schritt gibt es Textvorlagen, die nach Belieben miteinander kombiniert werden können. Ich habe diesen Aufbau gewählt, um trotz fertiger Vorlagen auch Raum für Individualität zu lassen. So ist es mit der Zeit oder für fortgeschrittene Hypnotiseure auch leichter möglich, eigene Texte und Formulierungen zu verwenden und nur den Hauptteil für die jeweilige Sitzung diesem Buch zu entnehmen. Ich unterscheide folgende Schritte einer Hypnose:

1. Einleitung (Induktion)
2. Vertiefung der Trance
3. Förderung der Veränderungsbereitschaft (Compliance)
4. Hauptteil (Therapieteil, Anwendungsteil)
5. Festigung; bei Fantasiereisen: Achtsamkeit und Selbsttreue
6. Dehypnose 1 (Übergang zur Ausleitung)
7. Dehypnose 2 (Ausleitung der Trance)

Die Punkte in den Texten ... ... unterbrechen ... ... den ... ... Lesefluss und zwingen zu Pausen bzw. zum langsamen Lesen, was meistens viel schwieriger ist als langsames Freisprechen. Bauen sie die Texte in ihre Sitzungen ein und lesen sie diese vor oder verändern sie Teile und passen sie für ihre Klienten an. Allgemein gültige Textvorlagen, die bei allen Klienten und allen Problemkonstellationen gleichermaßen wirken, können nicht erstellt werden. So verstehe ich meine Bücher auch nicht. Ich verstehe sie vor allem als Beispielsammlungen, die in vielen Fällen, so bestätigen es zahlreiche Zuschriften meiner Leserinnen und Leser, bereits passend sind oder durch wenige individuelle und personalisierte Ergänzungen passend gemacht werden können. Ich verstehe sie aber auch als Vorlagen, die als Basis für eigene Texte und Suggestionen dienen können. Entscheiden sie selbst!

Die Hauptteiltexte

In dieser Ausgabe kommen zehn verschiedene Hypnosetechniken zur Anwendung. Hier eine kurze Übersicht, ausführlichere Erläuterungen bei den jeweiligen Texten:

1. Klassische Suggestion
Die Textvorlage zur klassischen Suggestion arbeitet mit konstruktiven Formulierungen, die auf einer sprachlich-logischen Basis arbeiten und nach beschreibbaren Suggestionsregeln formuliert werden. Informationen mit Beispielen in meinem Buch *Suggestionen richtig formulieren (ISBN 978-3837095197)*.

2. Steigerungssuggestion
Hier wird mit klassischer Suggestion in einem Dreischritt gearbeitet. Suggestive Bewertungen oder Aufforderungen werden jeweils dreifach nacheinander angeboten und dabei jeweils gesteigert.

3. Meditativ-energetische Hypnose
Diese Technik verbindet energetische Heilarbeit mit Hypnosetechniken. An Stelle von Suggestionen oder Affirmationen wird mit einer Verbindung von einmaliger Zielformulierung und innerer, energetischer Harmonisierung gearbeitet.

4. Affirmationshypnose
Diese Technik gleicht einer Mischung aus angeleiteter Meditation und *Sitting in the Power*. In einer meditativen inneren Umgebung wird mit einer zentralen Affirmation (Glaubenssatz als Suggestion) gearbeitet.

5. Ich-Suggestion

Hier werden vor allem klassische Suggestionen formuliert, allerdings in der Ich-Form. Der Klient stellt sich damit vor allem in seiner bewussten und absichtlichen Zielsetzung und damit in seinem Selbstkonzept um. Die neue Haltung wirkt über das Selbstkonzept auf das Unterbewusstsein.

6. Ankertechnik

Der Anker kann beispielsweise eine Körperbewegung sein, ein Symbol oder Talisman, der angeschaut wird oder ein Duft, der über die Nase aufgenommen wird. Perihypnotisch ist der Anker, wenn er während der Sitzung benutzt und vom Therapeuten „ausgelöst" wird. Posthypnotisch ist der Anker, wenn er während der Hypnose vor allem eingerichtet und dann im Alltag vom Klienten selbst ausgelöst wird.

7. Somato-emotionale Hypnose

Diese arbeitet mit der Verbindung von Emotion und Körpergefühl und leiten Veränderungen über die Steuerung der Konzentration auf und Achtsamkeit für den eigenen Körper ein.

8. Ideomotorik

Bei der ideomotorischen Kommunikation erhalten wir Rückmeldungen vom Körper des Klienten, der über sichtbare, doch vom Klienten unbewusst ausgeführte Signale wie Fingerbewegungen oder Armlevitationen, Hautrötungen oder Katalepsien (Unbeweglichkeiten) innere Vorgänge äußerlich abbildet.

9. Selbsthypnose-Trigger
In Trance wird ein Hypnoseanker eingerichtet, der vom Klienten zu Hause genutzt werden kann, um eine einfache, jedoch wirksame Selbsthypnose einzuleiten. Mit einer kurzen und prägnanten Suggestion kann der Klient dann die Therapie zu Hause fortsetzen bzw. die Zeit bis zur nächsten Sitzung aktiv überbrücken.

10. Fantasiereisen
Fantasiereisen gehen einen längeren Weg über mehrere Stationen einer imaginierten Welt, um sich in dieser Fantasiewelt mit Problemen auseinander zu setzen und Lösungswege zu finden. Für diese Variante der Hypnose biete ich Texte aus der von mir entwickelten **Traumlandtherapie** an.

Ich möchte an dieser Stelle noch darauf hinweisen, dass Bücher keine Therapien ersetzen können. Zu einer Psychotherapie oder einer anderen therapeutischen Behandlung gehört selbstverständlich mehr. Eine sorgsame Diagnostik ist die notwendige Entscheidungsgrundlage für den Einsatz der Mittel, also auch dafür, ob Hypnose oder einer meiner Texte zur Anwendung kommen mag. Doch auch in diesem Fall gehören Vorgespräche, Nachgespräche während der Sitzung und natürlich ein therapeutisches Konzept der Sitzungsfolge und inhaltlichen Vorgehensweise zu einer Therapie. Das kann und will ich nicht mit einer Textsammlung leisten.

Einleitung 1:

Finde die angenehmste Position ... ... so angenehm, dass es dir vorkommt, als ginge es kaum noch bequemer ... ... so bequem wie möglich ... ... Das hilft dir bei der Entspannung ... ... Du kannst die Augen schließen, so wird es dann noch gemütlicher ... ...

... ... Lass die Musik in den Raum kommen ... ... nimm sie wahr ... ... spüre den Rhythmus ... ... und konzentriere dich auf die Musik, als könntest du Worte hinter der Melodie hören ... ... Und gleichzeitig hörst du meine Stimme ... ... Vielleicht ist dir schon aufgefallen, dass meine Stimme fast die gleiche Lautstärke hat wie die Musik ... ... Doch manchmal verändert sich das in deiner Wahrnehmung, obwohl ich mit gleichbleibender Lautstärke spreche ... ... Manchmal kommt dir vielleicht die Musik lauter vor als meine Stimme ... ... Dann hörst du die Musik stärker und musst dich intensiv auf meine Stimme konzentrieren ... ... Dann wieder kann es anders sein ... ... weil du dich dazu entscheidest, meine Stimme deutlicher wahrzunehmen ... ... Dann konzentrierst du dich, und meine Stimme wird klarer ... ... lauter und besser zu verstehen ... ... Meine Stimme ist plötzlich lauter als die Musik ... ...

... ... Du konzentrierst dich also auf die Musik und auf meine Stimme ... ... Vielleicht ist dir schon aufgefallen, wie schnell du dabei innerlich zur Ruhe kommst ... ... Immer tiefer geht die Ruhe ... ... wie von selbst ... ... durch die Musik und durch meine Stimme ... ... Du wirst ruhiger und ruhiger ... ...

Einleitung 2:

Mach die Augen zu und atme tief ein und langsam und lange aus ... ... noch einmal tief einatmen ... ... und langsam und lange ausatmen ... ... genau so ... ... Nun konzentriere dich auf das Gefühl der Haut in deinem Gesicht ... ... vielleicht ist sie etwas angespannt, weil du dich zunächst noch tiefer entspannen willst ... ... Entspanne einfach dein Gesicht ... ... Lass alle Muskeln im Gesicht los und entspanne dein Gesicht ... ... zuerst die Stirn ... ... dann die Augen ... ... die Wangen ... ... und schließlich den Mund und den Kiefer ... ...

... ... Dann achte auf die Temperatur hier im Raum ... ... Du kannst sie im Gesicht fühlen ... ... Deine Haut kann dir mitteilen, ob es warm hier ist oder eher kühl ... ... vielleicht auch neutral ... ... oder einfach nur angenehm ... ... Nimm deutlich das Gefühl der Haut deines Gesichtes wahr ... ... mach dir dieses Gefühl bewusst und lass es ganz deutlich werden ... ... Vielleicht hast du schon bemerkt, dass dein Gesicht wärmer wird, wenn du dich ganz darauf konzentrierst ... ...

... ... Je mehr es dir gelingt, dich auf dein Gesicht zu konzentrieren, umso tiefer gehst du auch in den Zustand der inneren Ruhe ... ... Es ist ganz leicht ... ... es geht wie von selbst ... ... immer tiefer versinkst du in der inneren Ruhe ... ... Schritt für Schritt ... ... Du kannst die Ruhe immer deutlicher fühlen ... ... und vielleicht möchtest du noch viel ruhiger werden ... ... indem du dich noch mehr auf das Gefühl der Haut deines Gesichts konzentrierst ... ... immer mehr stellt sich dein Körper auf Ruhe und Entspannung ein ... ... immer tiefer und ruhiger ... ...

Einleitung 3:

Mach es dir jetzt bequem ... ... Finde die Position, die sich am besten anfühlt, um nun in Trance zu gehen ... ... Nimm dir die Wolldecke, um es dir noch gemütlicher zu machen ... ... Kuschle dich darin ein, wenn du willst, vielleicht magst du auch lieber ohne Wolldecke in Trance gehen ... ... Mach es so, wie es sich am besten anfühlt ... ... Schließ deine Augen ... ...

... ... Jetzt lass deine Atmung ruhig werden, um noch tiefer zu entspannen ... ... Schritt für Schritt ... ... in deiner Geschwindigkeit ... ... in deinem Tempo ... ... wird es ruhiger und ruhiger in dir ... ... mit jeder Sekunde entspannst du ein bisschen tiefer ... ...

... ... Stell dich einfach auf die schönste und tiefste Entspannung ein, die du dir vorstellen kannst ... ... Stell dir mit geschlossenen Augen noch einmal vor, wie du das gerade gemacht hast ... ... Zuerst hast du die beste Position gefunden, um in Trance zu gehen und bist dabei schon ruhiger geworden ... ... dann hast du die Wolldecke genutzt, um es dir noch gemütlicher zu machen und hast dich dabei tiefer entspannt ... ... Mit dem Schließen deiner Augen bist du dann noch ruhiger geworden ... ... Mit deiner Atmung konntest du schließlich noch tiefer in Trance gehen ... ...

... ... Nun läuft alles von selbst ... ... Deine Entspannung geht mit jedem Atemzug tiefer ... ...

Vertiefung der Trance 1:

Nun helfe ich dir dabei, dich tiefer zu entspannen … … Dabei kommt es vor allem auf die Beruhigung deines Körpers an … … Vielleicht wusstest du ja, dass körperliche Entspannung und innere Ruhe Hand in Hand gehen … … Wenn also dein Körper zur Ruhe kommt, dreht sich auch automatisch dein Blick nach innen … … und es wird ruhiger in dir … … Vielleicht fragst du dich ja, wie das am besten geht, dass dein Körper entspannen kann … … Wahrscheinlich ist es leichter als du denkst … … Dein Körper kann nämlich entspannen, indem du es dir wünschst … … Wenn du dir jetzt zum Beispiel wünschst, dass deine Schultern entspannen sollen, dann geschieht das auch … … Wünsch dir einfach, dass deine Schultern sich entspannen sollen … … Vielleicht spürst du es schon … … Vielleicht auch erst etwas später … … Mach einfach weiter … … Formuliere den inneren Wunsch, dein Körper solle sich entspannen … … Wünsch dir, dass sich deine Arme entspannen, auch die Hände und natürlich auch die Finger … … und mit jeder Entspannung deines Körpers gehst du tiefer in diese wunderschöne innere Ruhe hinein … … Wünsch es dir einfach … …Sage also deinem Körper, dein Oberkörper soll sich nun entspannen … … dein Bauch … … dein Rücken … … die Wirbelsäule … … Und wenn du einfach ein bisschen wartest, spürst du es auch … … Alles entspannt sich, weil du es so willst … … weil es dein Wunsch ist … … weil es dein Befehl an deinen Körper ist … … Alles geschieht so, wie du es willst … … Deine Beine sollen sich nun entspannen … … die Oberschenkel … … die Unterschenkel … … und auch die Füße sollen sich entspannen … … Und du kannst dabei in eine angenehme Ruhe gehen … … immer tiefer, wenn du es so willst..… …

Vertiefung der Trance 2:

Atme ruhig und gleichmäßig ... ... Und nun beginne zu zählen ... ... Das ist ganz einfach ... ... Du beginnst bei 100 ... ... Du zählst einfach rückwärts ... ... Und bei jeder ungeraden Zahlen öffnest du die Augen ... ... Bei jeder geraden Zahl schließt du sie wieder ... ... So machst du mit jeder Zahl eine Augenbewegung ... ... einfach zählen und Augen auf, Augen zu ... ... Augen auf, Augen zu ... ... Das ist ganz einfach ... ... Wenn ich dich gleich bitte, mit dem Zählen zu beginnen, dann fängst du einfach an zu zählen ... ... so laut, dass ich dich hören kann ... ... Und ich werde dabei einfach mit dir sprechen ... ... Du aber zählst immer weiter ... ... Fang jetzt an zu zählen ... ... Beginne bei 100 ... ... *[Wir helfen im Zählrhythmus des Klienten bei den ersten Zahlen mit den Worten „Augen auf - Augen zu - Augen auf - Augen zu".]* ... ...
... ... Mit der Zeit kann das anstrengend werden ... ... Vor allem, immer die richtigen Zahlen zu finden ... ... Vielleicht sind die Zahlen auch schon bald unwichtig ... ... Es wird dann immer schwerer und schwerer, die richtige Zahl zu finden ... ... Und vielleicht hast du schon bald keine Lust mehr, weiter zu zählen ... ... Doch du machst weiter ... ... *[Augen auf - Augen zu - Augen auf - Augen zu]*
... ... Vielleicht hast du bemerkt, dass du gerade eine Zahl vergessen hast ... ... Das macht nichts ... ... Es zeigt nur, dass du dich gut entspannen kannst ... ... Zahlen sind dann nicht so wichtig ... ... Versuch es einfach weiter, wenn du willst ... ... Und wenn du es willst, kannst du dich dabei auch entspannen ... ... Wenn es dir zu lästig wird, kannst du einfach in eine schöne Entspannung gehen und aufhören zu zählen ... ...

Vertiefung der Trance 3:

Gönne dir zunächst etwas Ruhe … … Und dann stell dir eine schöne Blume vor, die schönste, die du dir vorstellen kannst. Stell sie dir genau vor und richte deinen inneren Blick direkt auf diese Blume … … vielleicht deine Lieblingsblume … … vielleicht auch eine Blume, die es gar nicht gibt … … Wähle eine Farbe dafür … … Und dann schau immer auf diese Blume … … Nur das ist jetzt wichtig … … Du schaust immer auf diese Blume … … direkt auf diese Blume … … Und dabei dreht sich dein Blick nach innen … … und du kommst zur Ruhe … … und Schritt für Schritt kannst du entspannen … … einfach, indem du auf diese Blume schaust … … immer nur auf diese eine Blume … … Dein Blick dreht sich immer mehr nach innen … … und du kommst immer mehr zur Ruhe … …

… … Vielleicht spürst du schon die Entspannung … … Sie bereitet sich langsam in dir aus … … und du richtest deinen Blick immer noch auf diese eine Blume … … Du siehst die Blütenblätter … … Du erkennst die Farbe … … Wenn du es willst, kannst du nun Schritt für Schritt in eine schöne innere Ruhe gehen … … Immer tiefer und tiefer … … so tief, wie du willst … … Und um nun noch tiefer in die Entspannung zu gehen, kannst du das Bild der Blume ausblenden … …

Förderung der Veränderungsbereitschaft (Compliance) 1:

In der Ruhe, die du nun gefunden hast, stellst du dich ganz darauf ein, dein Inneres konstruktiv zu beeinflussen ... ... Du willst dich gesund fühlen, weil du gesund bist ... ... weil du wirklich gesund bist und ein ganz gesundes Herz hast . ... Dazu ist ein sensibles und feines Körpergefühl hilfreich ... ... In diesem Augenblick fühlst du dich wohl und bist entspannt ... ... daher bist du auch sensibel für deinen Körper ... ... Wenn du jetzt einmal auf deine Atmung achtest ... ... deine ganze Aufmerksamkeit auf den Rhythmus deines Atems legst, dann kannst du die Bewegungen deines Körpers genau spüren ... ... Er hebt und senkt sich mit jedem Atemzug ... ... Lass genau diese Bewegung nun in deiner Wahrnehmung ganz nach vorne treten und mach sie dir bewusst ... ... Je mehr du dich auf deine Atmung konzentrierst, umso deutlicher spürst du auch die Bewegung deines Körpers ... ... Konzentriere dich also und fühle deinen Atem ein und aus strömen ... ... Fühle dabei den Rhythmus deines Körpers ... ... Du spürst diesen Rhythmus viel deutlicher als sonst ... ... Du fühlst deinen Körper viel besser und nimmst ihn bewusster wahr ... ... genau jetzt ... ... Das ist die beste Grundlage für die Veränderung deines inneren Gefühls und zum Spüren deines gesunden Herzens ... ... bewusste Wahrnehmung ... ... so wie jetzt ... ... genau so wie jetzt ... ...

Förderung der Veränderungsbereitschaft (Compliance) 2:

Du willst ab sofort wieder die Gesundheit deines Herzens spüren, denn es ist gesund … … Du willst deine eigene tiefe Kraft aktivieren und frei werden lassen … … Du weißt, dass du dazu zuerst deine innere Einstellung verändern musst … … Die innere Einstellung, die Grundhaltung, die dir sagt … *Ich bin und bleibe gesund, mein Herz ist und bleibt gesund* … ist die richtige Voraussetzung, um Schritt für Schritt ruhig und gelassen zu werden … … zu spüren, dass dein herz wirklich gesund ist … … Hierzu machst du dir in genau diesem Augenblick klar, dass du deine innere Haltung hierzu schon gefunden hast, denn genau deshalb bist du hier … … Du kennst die richtige Haltung, die dir sag t … *Ich bin und bleibe gesund, mein Herz ist und bleibt gesund* … Du kannst sie noch stärker einnehmen, noch tiefer in diese Haltung gehen, um sie noch besser für dich zu nutzen … …

Die Kraft, die du brauchst, um ganz in diese Grundhaltung zu gehen und in ihr zu bleiben, liegt tief in dir … … tief in der Ruhe, die du jetzt spürst … … Also tauchst du ganz in diese innere Ruhe ein und lässt sie ganz bewusst werden … … Je mehr du die innere Ruhe spüren kannst, umso eher wirst du neue Kraft entdecken … … Beides hängt direkt zusammen … … Du spürst Ruhe und findest deine Kraft … … Konzentriere dich noch einmal auf das Gefühl der Ruhe und öffne somit eine Tür für die neue und intensive Kraft und Stärke tief in dir … … genau so … …

Förderung der Veränderungsbereitschaft (Compliance) 3:

Du hast ein Ziel ... ... Du willst wieder deinem Herzen vertrauen und darauf, dass es gesund ist und gesund bleibt ... ... Es war nicht immer leicht mit der Angst umzugehen, doch heute wird es leichter ... ... viel leichter als bisher ... ... denn heute lässt du sie los ... ...
Ruhe ist auch nicht immer leicht zu finden ... ... Doch genau jetzt, in genau diesem Augenblick, fühlst du dich innerlich vollkommen ruhig und entspannt ... ... und es ist dir genau genommen ziemlich leicht gefallen, so ruhig und entspannt zu sein, indem du einfach dem Sog der Entspannung gefolgt bist, du hast einfach losgelassen, hast dich von meiner Stimme führen und tragen lassen ... ... hast es einfach geschehen lassen ... ... So einfach ist das heute ... ... So einfach ist das in diesem Augenblick ... ...
Wenn eine solche Entspannung heute einfach ist, dann ist auch dein Ziel einfacher zu erreichen ... ... Sobald es dir also gelingt, deine Entspannung noch zu vertiefen, gelingt es dir auch, dein Ziel schneller zu erreichen ... ... dich innerlich ganz und gar auf dein Ziel einzustellen ... ... Entspanne dich also einfach noch tiefer ... ... Du weißt ja, wie das geht ... ... Du hast es ja gerade erst gemacht ... ... Mach es also noch einmal und entspanne dich tiefer ... ... Je tiefer du dich entspannst, umso schneller erreichst du dein Ziel, abzunehmen und schlank zu sein ... ... Entspanne also tiefer ... ...

Hauptteil 1: Gesundes Herz
Klassische Suggestionshypnose

> *Der folgende Hypnosetext gehört zu den klassischen Hypnosen, die im Hauptteil (Anwendungsteil, Therapieteil) vor allem mit direkten Suggestionen arbeiten. Hierbei kommt es auf Formulierungen an, die eine konstruktive Grundhaltung fördern und die innere Ausrichtung auf das Therapieziel bestätigen. Bei klassischen Suggestionen kommen verschiedene Regeln und Vorgehensweisen zum Einsatz, die sich abwechseln oder miteinander kombiniert werden. Ausführliche Erläuterungen zu den zehn wichtigsten Suggestionsregeln mit Beispielen finden Sie in meinem Buch „Suggestionen richtig formulieren" (ISBN 978-3837095197).*

Zielformulierung und Willensstärkung
Du willst heute die Angst loslassen … … Doch du willst noch mehr … … Du willst wieder spüren, dass dein Herz gesund ist … … denn tief in dir weißt du, dass dein Herz wirklich gesund ist … … Dein Verstand weiß es auch … … Dein Herz ist gesund … … Dein Herz ist wirklich gesund … … Heute bist du hier, weil du es auch so fühlen willst … … weil du wieder fühlen willst, dass dein Herz normal schlägt … … manchmal etwas schneller, weil du aufgeregt bist oder schneller gegangen bist … … Doch dein Herz schlägt immer so, wie es gerade gut für deinen Körper ist … … Du hast dieses Ziel, das wieder zu spüren … … immer wieder zu spüren, dass alles in Ordnung ist mit deinem Herzen … … auch und gerade dann, wenn du denkst, dass es etwas schneller schlägt … … Du stellst dich heute darauf ein, wieder Übersicht und Ruhe zu bewahren … … Wirklich erstaunlich, wie schnell dir das gelingt … … wirklich erstaunlich, wie rasch du dich wieder auf Gesundheit deines Herzens einstellst … …

Gedankenausrichtung
Unsere Gedanken steuern unsere Wahrnehmung ... ... Gedanken können uns dazu verleiten, Angst zu fühlen, die gar nicht wirklich in uns ist ... ... Ebenso können uns Gedanken helfen, in ein anderes Gefühl zu kommen ... ... zu unserem natürlichen Gefühl zurückzukehren ... ... Also hilft dir ein guter Gedanke ... ... ein Gedanke gegen die Angst ... ... ein Gedanke der Ruhe ... ... ein Gedanke an und für dein gesundes Herz ... ... Gedanken sind wie Glaubenshaltungen ... ... Je häufiger wir sie denken, umso stabiler werden sie ... ... und wenn der Gedanke mit unserem tiefen Gefühl übereinstimmt, dann wird er noch viel schneller Wahrheit ... ... und tief in dir weißt du, dass dein Herz vollkommen gesund ist ... ... Du denkst also ... ... *Ich weiß, dass mein Herz gesund ist und deswegen bleibe ich ruhig* ... ... Dieser eine Gedanke hilft dir immer wieder, ruhig zu bleiben und auf die gesunde Funktion deines Herzens zu vertrauen ... ... *Ich weiß, dass mein Herz gesund ist und deswegen bleibe ich ruhig* ... ... Das ist dein wichtigster Gedanke ... ... der Gedanke deiner Gesundheit und deines gesunden Herzens ... ...

Somatische Ausrichtung (Körpersuggestion)
Das Körpergefühl ist besonders wichtig, wenn es um ein so bedeutendes Organ wie das Herz geht ... ... Vor allem ist dein Körpergefühl jetzt wichtig ... ... das Gefühl dieses Augenblicks ... ... Jetzt fühlt sich dein Körper gut an ... ... Du bist innerlich ruhig und kannst sogar noch ruhiger werden ... ... Du fühlst dich wohl ... ... Dein Herz schlägt ruhig und gleichmäßig ... ... Dein Herz ist gesund ... ... Dein Herz schlägt ganz ruhig und ganz gleichmäßig ... ... Dein Herz ist ganz gesund ... ... Du spürst es jetzt ... ... Jetzt spürst du die Gesundheit deines Herzens deutlich ... ... Es schlägt ruhig und gleichmäßig ... ... Selbst wenn du dich jetzt ganz und gar auf dein Herz konzentrierst, spürst du, dass es gleichmäßig und ruhig schlägt, weil es wirklich gesund ist ... ... Dein Körper kann wieder lernen, dir diesen gesunden

Zustand zu signalisieren … … auch und gerade dann, wenn du denkst, dass dein Herzschlag sich beschleunigen könnte … … Ab sofort hilft dir dein Körper dabei, ruhig zu bleiben … …

Emotionale Ausrichtung (Gefühlssuggestion)
Angst ist ein Gefühl … … Ruhe ist auch ein Gefühl … … Ruhe und Gelassenheit … … Beide können nicht gleichzeitig da sein … … Jetzt fühlst du dich zum Beispiel ruhig und du bist entspannt … … Also kannst du jetzt keine Angst empfinden … … Daher richtest du jetzt all deine Achtsamkeit und all deine Aufmerksamkeit auf das Gefühl der Ruhe in dir … … Das Gefühl der Ruhe wird größer und tiefer … … Die Ruhe wird immer größer und immer tiefer … … Jeder Augenblick der bewussten Ruhe und Entspannung löst Gedanken der Angst … … Jeder Augenblick der bewussten Ruhe und Entspannung baut neues Selbstvertrauen auf … … neues Vertrauen in dein gesundes Herz … … denn das hast du wirklich … … ein gesundes Herz … … Du fühlst dich wohl … … so richtig wohl … … Dein Herz schlägt ruhig und gleichmäßig … … Dieses ruhige Gefühl ist angenehm und es begleitet dich den ganzen Tag … … Jeden Tag kannst du dieses Gefühl aufs Neue erleben … … das Gefühl der Ruhe … … das Gefühl der Gesundheit … … das Gefühl des gesunden Herzens … …

Verhaltensausrichtung
Du stellst dich darauf ein, etwas zu tun, damit es immer wieder sehr leicht gelingt, störende Angstgedanken loszulassen und immer wieder schnell zur inneren Ruhe zurückzukehren … … Das gelingt dir heute schon … … Angst um dein Herz, Angst um Krankheit des Herzens lässt du einfach los, indem du die Angst nicht mehr beurteilst … … Du spürst sie kurz und sofort gehst du in deinen neuen helfenden Gedanken und tauchst ganz darin ein … … *Ich weiß, dass mein Herz gesund ist und deswegen bleibe ich*

ruhig … … Dein neuer Gedanke erfüllt dich dann ganz und gar und Angst vergeht … … denn Ruhe und Angst können nicht gleichzeitig da sein … … Dein Ruhegedanke übernimmt die Führung … … Sobald du ihn da sein lässt, breitet er sich aus und Angst vergeht … … Angst muss vergehen, denn da ist nur noch Platz für Ruhe … … Sobald auch nur ein Gedanke der Unsicherheit aufkommen könnte, sagst du … … *Ich weiß, dass mein Herz gesund ist und deswegen bleibe ich ruhig … …* und sofort spürst du die Entspannung deines Körpers, der bei diesem Gedanken sofort ruhiger wird … … und dann ist dir klar, dass dein Herz gesund ist … … Du hilfst dir selbst im wachen Alltag … … Du beginnst deinen Tag mit bewussten und gezielten Gedanken der Gesundheit … … mit deinem besonderen Gedanken … … *Ich weiß, dass mein Herz gesund ist und deswegen bleibe ich ruhig … …* jeden Tag … … jeden Tag … …

Zusammenfassung und Ausblick
Du willst wieder spüren, dass dein Herz gesund ist … … denn tief in dir weißt du, dass dein Herz wirklich gesund ist … … Du denkst also … … *Ich weiß, dass mein Herz gesund ist und deswegen bleibe ich ruhig … …* Dieser eine Gedanke hilft dir immer wieder, ruhig zu bleiben und auf die gesunde Funktion deines Herzens zu vertrauen … … Du fühlst dich wohl … … Dein Herz schlägt ruhig und gleichmäßig … … Dein Herz ist gesund … … Jeden Tag kannst du dieses Gefühl aufs Neue erleben … … das Gefühl der Ruhe … … das Gefühl der Gesundheit … … das Gefühl des gesunden Herzens… … Du beginnst deinen Tag mit bewussten und gezielten Gedanken der Gesundheit … … Jeden Tag erlebst du dein gesundes Herz … …

Hauptteil 2: Vertrauen in dein Herz
Steigerungssuggestion

> *Der folgende Hypnosetext gehört zu den klassischen Hypnosen, die im Hauptteil (Anwendungsteil, Therapieteil) vor allem mit direkten Suggestionen arbeiten. Diese werden nach einem strukturierten Aufbau und einer speziellen Form angeboten. Wichtige Suggestionen werden hierbei über drei Stufen hinweg gesteigert, also dreimal präsentiert, wobei die Ausdruckskraft der Formulierungen gesteigert wird (nach dem Prinzip gut/besser/am besten). Im Text sind die Steigerungen mit Ziffern (1, 2, 3) für erste, zweite und dritte Präsentation der gesteigerten Suggestion gekennzeichnet, damit der Aufbau von den technikinteressierten Hypnotiseuren nachvollzogen werden kann.*

Zielformulierung und Willensstärkung
Du hast heute ein besonderes Ziel … … Du willst deinem Herzen wieder vertrauen … … willst wieder tief in dir fühlen, dass dein Herz gesund ist … … absolut gesund … … Du willst heute die Angst loslassen und Selbstsicherheit und Selbstvertrauen zurückgewinnen … (1) Du fokussierst dieses Ziel … … Du willst es heute erreichen … … Angst loslassen und Selbstsicherheit finden … … Dein gesundes Herz spüren … … (2) Du schaffst das heute, weil du dein Ziel in Trance wirklich fokussieren kannst … … so richtig konzentriert und gezielt … … (3) Dein Ziel ist klar … … Dein Wille ist stark … … stärker als je zuvor … … Du willst es heute mehr denn je … … willst heute die Herzangst loslassen und wieder ganz selbstverständlich dein gesundes Herze spüren und dich auf dein Herz wieder verlassen … … (1) Heute kümmerst du dich darum … … (2) Heute kümmerst du dich um Vertrauen von dir in dich … … und um Selbstsicherheit und Selbstvertrauen … … (3) Heute ist der wichtigste Tag seit Langem … …

der Tag deiner Befreiung ... ... der Tag des gesunden Herzens ... ... Du befreist dich heute schon von der Angst ... ... Heute erreichst du dein Ziel ... ... Vertrauen in dich ... ... Vertrauen in dein gesundes Herz ... ... Vertrauen in dein gesundes Herz ... ...

Kompetenzstärkung
Jetzt aktivierst du dein Selbstvertrauen und dein Selbstbewusstsein, denn diese helfen dir beim Loslassen der Herzangst und beim Aufbauen neuer Sicherheit ... ... Es gelingt dir, weil du dich wirklich darauf einlässt ... ... (1) Du hast Erinnerung an Erfolge in dir ... ... Du lässt diese Erinnerung wach werden ... ... und dann kannst du sie nutzen, um die Angst loszulassen ... ... und deinem Herzen wieder zu vertrauen ... ... Das gelingt dir ... ... (2) In deiner inneren Mitte liegt tatsächlich die Kraft der Erfolge, die du in deinem Leben hattest ... ... Du fühlst das und jetzt aktivierst du diese Erfolgskraft ... ... Jetzt ... ... Du aktivierst sie mit deinen Gedanken ... ... Jetzt ... ... sehr gut ... ... Es gelingt dir tatsächlich ... ... Du aktivierst in diesem Augenblick deine eigene Erfolgskraft ... ... Du lässt damit bereits die Angst los ... ... Du findest Selbstvertrauen und auch neuen Mut ... ... Jetzt ... ... (3) Deine Erfolgskraft ist jetzt tatsächlich größer und stärker als jemals zuvor ... ... denn du bist in Trance und aktivierst diese Kraft mehr und mehr ... ... Du erreichst dein Ziel ... ...

Neutralisation
(1) Tief in deinem Innern fühlst du jetzt tiefe Ruhe und dein Herz schlägt ruhig und gleichmäßig ... ... Du spürst die Ruhe deines Herzens ... ... Sie entfaltet sich mehr und mehr, sodass du immer ruhiger wirst ... ... und deinem Herzen wieder vertraust ... ... Du vertraust deinem Herzen ... ... (2) Wenn du jetzt an dein Herz denkst, dann bleibst du ganz ruhig und gelassen ... ... Dein Herz schlägt ruhig wei-

ter und du fühlst dich vollkommen entspannt ... ... Du kannst dir jetzt auch gut vorstellen, dass dein Herz den ganzen Tag ruhig schlägt und vollkommen gesund ist ... ... (3) Entspanne einfach noch tiefer ... ... Lass alle Gedanken los und atme langsam und lange aus, dann wird es ruhiger und ruhiger in dir ... . Und auch dein Herz schlägt ruhig und fühlt sich gut an ... ... Es wird ruhiger in dir ... ... Du gehst noch tiefer in Trance und fühlst dich absolut sicher und wohl ... ... und die Ruhe verbindet sich mit deinem Herzen, das jetzt und den ganzen Tag über ruhig bleibt und gesund für dich schlägt ... ... (1) Dein Herz ist gesund ... ... Dein Herz schlägt normal ... ... (2) Dein Herz ist vollkommen gesund und kräftig ... ... Du weißt, dass du gesund bist und gesund bleibst ... ... (3) Angst vergeht vollkommen ... ... Angst vergeht jetzt vollkommen ... ... Sie ist sinnlos geworden ... ... Ruhe und Vertrauen ersetzen die Angst vollkommen ... ... Ruhe und Vertrauen und ein gesundes Herz ... ...

Ersetzen des Störenden
Schritt für Schritt wird die frühere Angst nun sogar durch Selbstvertrauen und Selbstsicherheit ersetzt ... ... denn du spürst, dass die Angst geht und Platz frei geworden ist ... ... Endlich kannst du wieder frei sein, das Haus verlassen und dich sicher fühlen ... ... (1) Selbstsicherheit und Selbstvertrauen werden nun stärker ... ... Angst verschwindet vollkommen und an ihre Stelle treten Selbstsicherheit und Selbstvertrauen ... ... Vorfreude auf den nächsten guten Tag ... ... (2) Selbstsicherheit und Selbstvertrauen werden stärker als du je dachtest ... ... Du kannst sie jetzt wirklich fühlen, wenn du tief in dein Gefühl hinein spürst ... ... Angst vergeht damit vollkommen und an ihre Stelle treten jetzt nur noch Selbstsicherheit und Selbstvertrauen ... ... Selbstsicherheit und Selbstvertrauen ... ... (3) Du hast es geschafft ... ... Du hast die Angst besiegt und hast dich auf deine Erfolge konzentriert ... ... Das ist

wirklich hervorragend, denn so kannst du wieder den Tag genießen ... ... frei und gelassen ... ... mit Selbstsicherheit und Selbstvertrauen ... ... Es gelingt dir ... ... Es gelingt dir wirklich ... ...

Anerkennung
(1) Du fühlst dich jetzt entspannt und gut und du kannst wirklich stolz darauf sein, wieder Selbstsicherheit und Selbstvertrauen gefunden zu haben ... ... Du hast die Angst losgelassen und du vertraust deinem Herzen wieder ... ... (2) Du fühlst dich wirklich wohl, denn du hast es geschafft ... ... Du vertraust deinem Herzen wieder, denn du bist dir wieder sicher, dass es gesund ist ... ... Das ist ein besonderer Moment ... ... ein Moment der Befreiung und der Stärke ... ... (3) Du kannst sehr stolz auf dich sein und dir selbst danken dafür ... ... Du darfst dich auch loben, immerhin hast du selbst all das geschafft ... ... Es sind meine Worte, die du hörst ... ... Doch du bist es, der aus ihnen Wahrheit macht ... ... die Wahrheit vom gesunden Herzen ... ... Dein Herz ist gesund und schlägt ruhig ... ...

Festigung und Ausblick
Sehr gut, für heute ist viel erledigt ... ... Du weißt, das dein Herz gesund ist und du vertraust deinem Herzen wieder ... ... (1) Das ist dein Erfolg ... ... Du kannst wieder rausgehen und den Tag genießen ... ... (2) Es wird dir leichter fallen als du dir vorstellen kannst ... ... und vielleicht wirst du sogar überrascht sein, wie ruhig du wirklich bleibst ... ... (3) Du wirst sogar jeden Tag gelassener und gehst ganz selbstverständlich und ruhig mit dir und deinem Herzen um ... ... So bist du jeden Tag erfolgreich und dein Selbstvertrauen und deine Selbstsicherheit werden immer stärker ... ... (1) Es gelingt dir ... ... (2) Es ist dir schon gelungen ... ... (3) Es ist dir wirklich schon jetzt gelungen ... ...

Haupteil 3: Angst trennen
Meditativ-energetische Hypnose

Energetische Hypnosen sind mit den Techniken der Quantenheilung (Quantum Energy, Quantenenergie, Quantum Matrix) und mit Meditationen verwandt. Die Besonderheit einer solchen Hypnose besteht darin, dass viel weniger suggestiv gearbeitet wird als bei anderen Anwendungen und auch die Kreativität, Fantasie und der Perspektivenwechsel des Klienten während der Trance nur untergeordnete Rollen spielen. Das angestrebte Ziel wird nur einmal formuliert und anschließend befasst sich die hypnotische Arbeit mit dem Herstellen eines inneren energetischen Gleichgewichtes. Damit folgt diese Hypnosetechnik der Vorstellung der quantenenergetischen Arbeit, die davon ausgeht, dass energetische „Schieflagen" im Organismus für die Entstehung und das Aufrechterhalten von emotionalen, psychischen oder körperlichen Problemen sorgen. Es werden hier also keine Zielsuggestionen wiederholt. Die Hypnose folgt einem klaren und einfachen Aufbau. Wenn Sie so noch nie gearbeitet haben, mag das merkwürdig anmuten. Probieren Sie diese Hypnose bitte aus! Vielleicht werden Sie überrascht sein, wie gut auch diese Vorgehensweise wirkt!

Vorbereitung
Du hast ein Ziel, ein ganz bestimmtes Ziel … … Du willst die Herzangst loslassen und du willst dich wieder ganz gesund fühlen … … Du willst deinem Herzen trauen und vertrauen … … denn dein Herz ist gesund … … Du warst häufig in Sorge um dein Herz … … Doch das willst du beenden, denn du weißt, dass dein Herz gesund ist … … Manchmal setzen sich Gedanken und Sorgen fest, sodass es schwierig ist, Ruhe zu finden … … Doch es kann auch leicht sein, zur Ruhe zurückzufinden … … zur

natürlichen Gelassenheit und Ruhe … … zur Überzeugung vom gesunden Herzen … … Wir arbeiten heute daran, genau das zu tun … … in dich selbst hineinzuspüren und deinen normalen Herzschlag zu spüren … … und dabei entspannt zu bleiben … … den natürlichen Rhythmus deines Herzens bewusst und in Ruhe wahrzunehmen … … Du stellst dich also auf dieses Ziel ein … … mit deinen Gedanken und mit deiner Kraft … … gut so … … So wird es gelingen … …

Vorwegannahme
Du hast oft versucht, gegen die Angst und Unruhe anzutreten … … Heute soll es anders sein, denn du willst die Angst vom Herzen trennen … … also dürfen Angst und Sorgen da sein, doch du lässt locker … … Alle Themen dürfen sein, doch du atmest ruhig und gleichmäßig weiter … … Heute kommt es darauf an, etwas anderes wahrzunehmen … … deine Hände … … und je mehr es dir gelingt, dich auf die Empfindung deiner Hände zu konzentrieren, umso schneller löst sich die Angst vom Herzen … … Je mehr es dir heute gelingt, deine Hände zu fühlen, umso schneller wird die Angst vom Herzen getrennt … … umso schneller fühlst du wieder die natürliche Gesundheit deines Herzens … … Spüre jetzt deine Hände für einen Moment … … *[Zehn Sekunden warten]* … … gut so … …

Ist-Zustand und Zielformulierung
Und nun fokussiere dich auf dein Ziel … … Bis vor Kurzem hattest du Angst um dein Herz … … Doch so soll es ab sofort sein … …

Ruhiger und gleichmäßiger Herzschlag
mit innerer Gelassenheit

... [Legen Sie beim Aussprechen der Zielformulierung gerne auch Ihre Handfläche auf den Solarplexus des Klienten und ziehen Sie diese dann wieder weg. Es ist nicht erforderlich, hilft aber sehr, weil die Zielformulierung damit „verankert" wird. Selbstverständlich können Sie auch energetische Techniken in die Hypnose einbauen. Achten Sie darauf, das Ziel nicht zu wiederholen.] ....

Aufbau des emotional ausgleichenden Rahmens
Nun lass alle Gedanken los und richte deine Achtsamkeit auf deine Hände … … Lass deine Hände entspannt neben deinem Körper liegen und fühle, wie sie sich anfühlen … … Möglicherweise fühlen sie sich beide recht ähnlich an … … oder eine Hand ist etwas kühler als die andere … … oder wärmer … … und möglicherweise ist es gar nicht so einfach, beide wirklich gleichzeitig zu spüren, doch gelingt dir sicherlich … … Möglicherweise ist es ja einfacher, zuerst die rechte und dann die linke Hand zu spüren … … doch mit der Zeit schaffst du es, beide Hände gleichzeitig zu spüren und dich ganz auf diese Wahrnehmung zu konzentrieren … … denn mit der Zeit werden sich beide Hände in ihrem Gefühl aneinander angleichen … … Achte auf das Gefühl in deinen Händen und stell dir vor, dass sie sich beide gleich anfühlen … … so als wären beide Hände miteinander verbunden … …
… … Deine Gedanken beschäftigen sich jetzt nur mit deinen entspannten Händen … … sie liegen neben deinem Körper und du kannst sie wahrnehmen … … alles andere ist jetzt unwichtig … … und es tut gut, dich einmal nur mit einer einzigen Wahrnehmung zu befassen … … Es kommt nur auf Wahrnehmung an … … Du musst jetzt nichts leisten … … Sei nur hier und spüre deine Hände, das ist dann schon genug … … Es ist nur wichtig, sie wirklich zu spüren … … und genau das gelingt dir jetzt … … in genau diesem Augenblick … … Es gelingt dir ganz leicht und spielerisch, deine Hände ganz bewusst

wahrzunehmen und ihre Ruhe zu fühlen ... ... und falls du doch eine leichte Anspannung deiner Hände fühlen solltest, lass einfach wieder los ... ... denn nur auf die Entspannung deiner Hände kommt es jetzt an ... ... und die kannst du jetzt spüren ... ... Überprüfe, ob sich beide Hände bereits gleich anfühlen ... ... und wenn das jetzt noch nicht der Fall ist, wird es in wenigen Momenten so sein ... ...

... ... Nun wandere langsam mit deiner Aufmerksamkeit von deinen Händen zu den Armen ... ... über die Unterarme und Oberarme zu den Schultern ... ... und von dort aus zu deinem Brustbein ... ... und zu deinem Herzen ... ... gut so ... ... Du kannst es fühlen ... ... Alles ist ruhig und entspannt ... ... Dein Herz ist ruhig und gesund ... ...

Auflösen des energetischen Rahmens
Gut so ... ... Das genügt schon ... ... Nun lass deine Gedanken hin und her gehen ... ... Jetzt musst du nichts mehr tun ... ... Dein tiefes Inneres hat bereits alles gelernt ... ... Die Verbindung zwischen Herz und Angst ist getrennt worden ... ... Jetzt ist dein Herz mit Ruhe und Gelassenheit verbunden ... ... und dein Körper bildet das ab durch gleichmäßigen Herzschlag ... ... durch ruhige Atmung ... ... So kannst du jeden Tag, wenn du willst, noch einmal zur Ruhe kommen und entspannen ... ... einfach indem du dich auf deine Hände konzentrierst ... ... auf beide gleichzeitig ... ... denn dann geschieht das Gleiche wie heute ... ... Du entspannst sehr, sehr tief ... ... und du fühlst dich gesund ... ... Dein Herz ist gesund ... ...

Hauptteil 4: Ganz selbstverständlich
Affirmationshypnose

Die folgende Variante eines Hypnosehauptteils arbeitet mit einem eher kurzen und prägnanten Glaubenssatz. Es handelt sich hierbei um eine Suggestion, die auch Affirmation genannt wird und auch außerhalb der Hypnose benutzt werden kann. Affirmation bedeutet Festigung, Stabilisierung. Es geht also immer darum, eine innere Haltung, die eingenommen werden kann, aber bislang noch schwierig aufrecht zu erhalten ist, zu stärken. Vorteil der Hypnose besteht sicherlich darin, dass die Affirmation leichter vom Klienten angenommen wird als im wachbewussten Zustand. Allerdings sollte diese Hypnose nicht als erste Sitzung dienen, sondern eingebracht werden, wenn der Klient bereits einen gewissen Verarbeitungsprozess durchgemacht hat und der Affirmation/dem Glaubenssatz bereits offener gegenüber steht als es ein verzweifelter Kranker oder Suchender zu Beginn einer Psychotherapie tut. Das müssen aber sie als Therapeut/in entscheiden.

Vorbereitung und Willensstärkung
Du willst die Herzangst loslassen … … Du willst wieder den Tag genießen und vollkommen frei sein … … frei von jeder Angst … … Du willst also wieder dir selbst vertrauen … … und darauf vertrauen, dass dein Herz gesund ist … … Dein Verstand weiß, dass dein Herz gesund ist … … Nun soll es auch dein Gefühl wieder lernen, sodass du ganz gelassen mit dir selbst umgehen kannst … … Du bist fest entschlossen … … und weil du so fest entschlossen bist, wieder frei zu werden und deinem gesunden Herzen zu vertrauen, gelingt es dir auch heute … … Ja, es gelingt dir heute … … Du beendest die Angst … … und du beginnst zu vertrauen … … Heute … … Jetzt … …

Distanzierung aktiver Gedanken
Stell dir vor, du bist in einem alten Theater … … Ein Theater, so wie die Theater früher einmal ausgesehen haben … … mit roten Stühlen, mit Samt bezogen … … ganz weiche, stabile Stühle … … Mach es dir auf einem samtweichen roten Stuhl bequem. Du bist der einzige Mensch in diesem Theater … … Der ganze Theatersaal ist leer und es ist ruhig hier, sehr ruhig … … Lass die Atmosphäre des Theaters auf dich wirken … … Der Boden ist samtweich … … Ein ganz weicher Teppich … … ein dunkles Rot, ebenso wie der Bezug der Stühle … … ein schönes, ganz dunkles Rot … … Und von der Decke hängt ein riesiger Kronleuchter herab, mit tausend kleinen Lichtern und mit funkelnden Kristallen daran … … Er leuchtet hell und funkelt und strahlt … … Mach es dir ganz bequem auf deinem Stuhl und lass es dir gut gehen … … An den Wänden des Kinos hängen kleine Laternen … … zwei oder drei auf jeder Seite, rechts und links … … Darin leuchten kleine, funkelnde Lichter … … Der Vorhang der Bühne ist noch geschlossen … … ein dicker, dunkler Vorhang verdeckt die Bühne dieses alten Theaters … … Und Schritt für Schritt wird es langsam dunkler im Raum … … Das Licht wird heruntergedreht und das Funkeln wird sanfter … … Es wird immer dunkler und dunkler … … Und dabei kannst du es immer ruhiger werden lassen … … immer ruhiger in dir drin … …

Präsentation der Affirmation
Der Vorhang öffnet sich langsam … … Der schwere, dunkle Vorhang schiebt sich langsam zur Seite … … Immer weiter öffnet sich der Vorhang zur Bühne … … Und es wird dunkler und dunkler, stiller und stiller … … Der Vorhang öffnet sich immer weiter … … Doch die Bühne ist dunkel, fast schwarz … … Der Vorhang schiebt sich lautlos zur Seite und gibt die gesamte Bühne frei … … Doch alles ist dunkel und schwarz auf der Bühne … … Du wartest gespannt … … Was wird wohl sein auf der Bühne? … …

Was wirst du erkennen, wenn das Licht angeht? ... ... Wenn das Licht der Bühne aufleuchtet? ... ... Und plötzlich geht das Licht an ... ... Da vorne steht etwas geschrieben ... ... Eine riesige Schrift ist auf der Bühne zu erkennen ... ... Da vorne steht in dicken, großen Buchstaben geschrieben ... ...

Ich löse mich von jeder Angst und gehe ins Vertrauen.
Ich vertraue auf mein gesundes Herz.

... *[Lesen Sie die Affirmation langsam und etwas lauter als den vorherigen Text, um sie so etwas hervorzuheben. Machen Sie dann eine Pause von gefühlten 30 Sekunden bevor Sie weiter lesen.]* ...

Einwirken und Vertiefen der Affirmation
Lass diese weisen Worte jetzt in dein Innerstes fließen ... ... lass sie wirken und ihre Wirkung entfalten ... ... Gestatte dir jetzt eine Zeit der Ruhe und der Achtsamkeit ... ... Ruhe und Achtsamkeit ... ... und spüre deinen ruhigen Herzschlag ... ... denn jetzt bist du wirklich innerlich ruhig und dein Herz schlägt ebenso ruhig und gleichmäßig ... ... Jetzt löst sich jede Möglichkeit der Angst und du wirst ruhig ... ... Alles, was du im Zustand der Hypnose spüren und erleben kannst, kannst du auch spüren und erleben, wenn du vollkommen wach bist ... ... Das geht ... ... Das geht wirklich ... ... wenn es deinen eigenen inneren Zielen entspricht ... ... und du hast dieses Ziel, die Angst für immer loszulassen ... ... Du hast dieses Ziel, deinem Herzen wieder zu vertrauen ... ... wieder darauf zu vertrauen, dass dein Herz ruhig und gleichmäßig schlägt ... ... so wie jetzt ... ... den ganzen Tag über so wie jetzt ... ... Angst soll sich lösen ... ... Angst soll vergehen ... ... Vertrauen soll entstehen ... ... Vertrauen soll bleiben ... ... Vielleicht kannst du jetzt schon das neue Vertrauen in dir spüren ... ... oder aber du spürst es

in wenigen Minuten, wenn deine Affirmation sich noch mehr entfaltet … … denn das wird sie tun … … Sie entfaltet sich und wird stärker bis sie zu deiner wirklich neuen und stabilen Glaubenshaltung geworden ist … … zu deiner neuen Haltung des Vertrauens in dein gesundes Herz … … denn das hast du … … ein gesundes Herz … … ein wirklich gesundes Herz … …

Wiederholung und Integration der Affirmation
Die Worte, die du auf der Bühne des Theaters lesen konntest, prägen sich tief ein … … fließen in dein tiefes Inneres und werden dort zu deiner Wahrheit … … Schau noch einmal zur Bühne und lies noch einmal, was dort steht, denn es steht tief in dir geschrieben … …

Ich löse mich von jeder Angst und gehe ins Vertrauen.
Ich vertraue auf mein gesundes Herz.

… … Nun gestatte dir, einfach nur auszuruhen … … ohne irgendetwas denken oder tun zu müssen … … Sei einfach nur da und atme ein und aus … … in aller Ruhe ein und aus … … denn mit dem Fließen deines Atems fließt auch die Wirkung der Worte tiefer in dein Inneres … …

Festigung (Posthypnotischer Auftrag)
Gut so … … Du hast viel erreicht … … Wann immer du willst, kannst du die Affirmation wiederholen, jeden Morgen nach dem Aufwachen, wenn du willst … … und jedes Mal wird der neue Glaube an dein gesundes Herz stabiler und selbstverständlicher … … Dein Herz ist gesund … … Dein Herz ist gesund … … ganz selbstverständlich … …

Hauptteil 5: Darauf kommt es an
Ich-Suggestion

> *Hier werden vor allem klassische Suggestionen formuliert, allerdings in der Ich-Form. Der Klient stellt sich damit vor allem in seiner bewussten und absichtlichen Zielsetzung und damit in seinem Selbstkonzept um. Die neue Haltung wirkt über das Selbstkonzept auf das Unterbewusstsein. Die Formulierungen und der Satzaufbau unterscheidet sich von der klassischen Suggestion in Du-Form. Bei Ich-Suggestionen sind vor allem konstruktive kausale Verbindungen und Vorwegannahmen von Bedeutung. Teilweise kommen auch Suggestionsregeln der klassischen Suggestionen zum Einsatz bzw. werden mit den Regeln der Ich-Suggestionen kombiniert. Hypnosen, die mit Ich-Suggestionen arbeiten, eignen sich sehr gut dazu, dem Klienten den Hypnosehauptteil als Live-Aufnahme mitzugeben, um ihn zu Hause mehrfach anzuhören. Denken Sie daran: Einzelaufnahmen für Klienten/Patienten dürfen Sie mit meinen Texten gerne machen. Nur das Kopieren für den Verkauf oder Vertrieb ist verboten.*

Vorbereitung
Du hast ein klares Ziel … … ein ganz wichtiges Ziel … … Du willst deinem Herzen wieder vertrauen und ohne Angst deinen Tag erleben … … Du kennst die Angst vor Herzkrankheiten oder vor dem Herztod … … Doch diese Angst soll nun zu Ende sein … … denn jetzt kannst du dich im Innern wieder auf Freiheit und Gelassenheit einstellen … … Du kannst wieder frei sein und den Tag genießen … … wieder ganz und gar deinem Herzen vertrauen … … Heute kannst du den Weg der Trance nutzen … … In Trance befindest du dich bereits … … und deshalb ist es auch möglich, jetzt Hilfe tief in dir zu

finden … … bei deinem Unterbewusstsein … … mehr Hilfe als du denkst … … Jetzt bist du ruhig und entspannt, frei von Angst … … und jetzt kannst du dich mit deinem Unterbewusstsein unterhalten und festlegen, was sein soll … … Dein Unterbewusstsein unterstützt dich, denn es hört und versteht meine Worte, die heute zu deinen eigenen werden … … Also sagst du selbst im Innern … …

Zielformulierung und Willensstärkung
… … Ich kann und werde meinem Herzen wieder vertrauen … … weil ich weiß, dass es gesund ist und gleichmäßig schlägt … …
… … Ich kann und werde meinem Herzen wieder vertrauen … … weil ich weiß, dass Vertrauen mir mehr hilft als alles andere … …
… … Ich kann und werde meinem Herzen wieder vertrauen … … weil ich weiß, dass Selbstvertrauen auch Vertrauen in mein Herz bedeutet … …
… … Ich kann und werde meinem Herzen wieder vertrauen … … weil ich weiß, dass ich damit erfolgreich bin und die Angst überwinde … …
… … Darauf kommt es an … … Genau darauf kommt es wirklich an … …

Gedankenausrichtung
… … Ich denke immer daran, dass mein Herz tatsächlich bisher immer gesund war und normal geschlagen hat … … deshalb ist mir auch klar, dass es weiterhin normal schlagen wird … …
… … Ich denke immer daran, dass mein Herz tatsächlich bisher immer gesund war und normal geschlagen hat … … deshalb kann ich auch darauf vertrauen, dass es weiterhin so sein wird … …
… … Ich denke immer daran, dass mein Herz tatsächlich bisher immer gesund war und normal geschlagen hat … … deshalb kann ich auch ruhig bleiben und immer wieder zur Ruhe kommen … …

... ... Ich denke immer daran, dass mein Herz tatsächlich bisher immer gesund war und normal geschlagen hat ... ... deshalb weiß ich auch, dass ich gesund bin ... ...

... ... Darauf kommt es an ... ... Genau darauf kommt es wirklich an ... ...

Somatische Ausrichtung (Körpersuggestion)

... ... Ich fühle, dass mein Herz in diesem Augenblick ganz ruhig schlägt ... ... und das hilft mir dabei, immer wieder zu spüren, dass mein Herz in Ordnung ist ... ...

... ... Ich fühle, dass mein Herz in diesem Augenblick ganz ruhig schlägt ... ... und das zeigt mir ganz deutlich, dass mein Herz immer zuverlässig sein wird ... ...

... ... Ich fühle, dass mein Herz in diesem Augenblick ganz ruhig schlägt ... ... und in diese Ruhe kehrt mein Herzschlag jederzeit zurück ... ...

... ... Ich fühle, dass mein Herz in diesem Augenblick ganz ruhig schlägt ... ... und diese körperliche Ruhe hilft mir, auch innerlich ruhig zu bleiben ... ...

... ... Darauf kommt es an ... ... Genau darauf kommt es wirklich an ... ...

Emotionale Ausrichtung (Gefühlssuggestion)

... ... Ich fühle mich frei und ich bin innerlich ganz entspannt und gelassen ... ... und diese innere Gelassenheit bewahre ich mir und spüre sie jeden Tag ... ...

... ... Ich fühle mich frei und ich bin innerlich ganz entspannt und gelassen ... ... und ich weiß, dass jede Aufregung schnell vergeht ... ...

... ... Ich fühle mich frei und ich bin innerlich ganz entspannt und gelassen ... ... und jede Beschleunigung meines Herzschlages ist natürlich und beruhigt sich wieder ... ...

… … Ich fühle mich frei und ich bin innerlich ganz entspannt und gelassen … … und entspannt und gelassen bleibe ich auch bei schnellem Herzschlag … …
… … Darauf kommt es an … … Genau darauf kommt es wirklich an … …

Verhaltensausrichtung
… … Ich nehme mir die Freiheit, jeden Tag das Haus zu verlassen und unter Menschen zu sein … … denn ich weiß, dass mein Herz in Ruhe für mich schlagen wird … …
… … Ich nehme mir die Freiheit, jeden Tag das Haus zu verlassen und unter Menschen zu sein … … denn so gewinne ich wieder Selbstvertrauen … …
… … Ich nehme mir die Freiheit, jeden Tag das Haus zu verlassen und unter Menschen zu sein … … denn ich bin stärker als jeder Gedanke der Angst … …
… … Ich nehme mir die Freiheit, jeden Tag das Haus zu verlassen und unter Menschen zu sein … … denn so übernehme ich wieder die Kontrolle über mein Leben … …
… … Darauf kommt es an … … Genau darauf kommt es wirklich an … …

Festigung
Gut so … … Du hast bereits viel erreicht … … Lass nun die gehörten Worte ganz tief in dein Innerstes fließen … … denn dort werden sie Wahrheit … … dort sind sie bereits Wahrheit … … Alles Gehörte wird zum innerlich Gesagten … … zu dem, was du selbst mit deiner inneren Stimme, mit deinem inneren Willen gesagt hast … … Du weißt tief in dir, dass dein Herz gesund ist … … und genau das kannst du auch wieder spüren … … Du spürst, dass dein Herz gesund ist und immer so schlägt, dass es für dich am besten ist … …

Hauptteil 6: Ruhe, so wie jetzt
Ankertechnik (visueller Anker, posthypnotisch)

Als Anker (oder Trigger) bezeichnet man einen Auslöser, der ein bestimmtes Gefühl herstellen oder einen bestimmten Gedanken wecken soll. Es handelt sich also um ein Signal, das vom Klienten wahrgenommen wird und dann einen inneren Vorgang anstößt. Der eingerichtete Anker ersetzt dann die Suggestion. Im Alltag kann ein Klient mit einem Anker einen gewünschten Zustand anstoßen oder herstellen, auch ohne einen Trancezustand. Zahlreiche Reize sind als Anker/Trigger verwendbar. Ich arbeite mit folgenden Möglichkeiten, die ich in der Reihe „Zehn Hypnosen" ebenfalls verwende:

- *Körperanker (Schließen der Hand, Drücken des Daumenballens ...)*
- *Visuelle Anker (Symbole, Wortkarten ...)*
- *Akustische Anker (Signalgeräusche wie Handyklingeln, Melodien ...)*
- *Oflaktorische Anker (Duftöle ...)*
- *Haptische Anker (Handschmeichler, Talisman ...)*

Außerdem unterscheide ich perihypnotische und posthypnotische Anker. Perihypnotische Anker sind solche, die vor allem während der Hypnose zum Einsatz kommen, indem der Therapeut den Anker einrichtet und dann immer wieder als Ergänzung der Suggestionen und Visualisierungen auslöst. Posthypnotische Anker werden vor allem für die Zeit nach der Sitzung eingerichtet, damit der Klient sich selbst damit helfen kann.

Vorbereitung der Ankertechnik
Ich richte dir heute einen Anker ein … … Das ist ein sehr wirkungsvolles Hilfsmittel, das es dir einfach macht, ganz schnell wieder das Gefühl eines ruhigen Herzschlages zu spüren … … Wann auch immer du das Gefühl haben solltest, dass dein Herz zu rasen beginnt, spürst du mit Hilfe deines Ankers, dass dein Herz in Wahrheit ruhig und gleichmäßig schlägt … … Du weißt, dass es sich immer nur so angefühlt hatte, als rase dein Herz … … In Wahrheit schlägt es manchmal langsam und manchmal etwas schneller, doch immer gleichmäßig und normal … … Es kommt also darauf an, dass du möglichst schnell spürst, dass dein Herz normal schlägt, wenn du nervös bist … … Es ist ein einfacher Gedanke, der dir helfen kann … … Es ist der Gedanke … … *Mein Herz ist gesund und schlägt gleichmäßig, denn alles ist in Ordnung* … … Diesen Gedanken willst du fest verankern, um gar nicht erst die alte Angst aufkommen zu lassen … … Mit diesem fest verankerten Gedanken bist du selbst im Innern ruhig und dein Herz schlägt so sanft, dass du dir gar keine Gedanken mehr darüber machst … … Du vertraust ganz tief im Innern wieder darauf, dass dein Herz gesund ist und dass du selbst gesund bist … … und gesund bleibst … … Also los … … Lass uns deinen Anker einrichten, damit du ihn jederzeit nutzen kannst … …

[Halten Sie ein Kärtchen bereit mit der Aufschrift „Mein Herz ist gesund und schlägt gleichmäßig, denn alles ist in Ordnung." und besprechen Sie vor der Hypnose bereits, dass sie dem Klienten das Kärtchen während der Sitzung übergeben. Dazu braucht er die Augen nicht zu öffnen. Kündigen Sie eine Berührung einfach noch einmal an, kurz bevor sie das Kärtchen weiter reichen und berühren Sie dann damit die Hand des Klienten, damit er danach greifen kann. Folgen Sie einfach den Hinweisen im Text!] …

Herstellen des gewünschten emotionalen Zustandes
Jetzt kommt es aber zuerst einmal auf eine wunderschöne Ruhe an … … denn tief in Ruhe und Entspannung ist es viel leichter, neue Gedanken zu verankern … … und damit Angst loszulassen … … Es entsteht ein Gefühl der Freiheit und des Vertrauens … … Jetzt spürst du die Entspannung … … Du bist in einer schönen und angenehmen Trance und fühlst dich frei und gesund … … Du spürst dein Herz in Ruhe schlagen … … Es fühlt sich ganz ruhig an … … ruhig und gesund … … vielleicht so ruhig, dass du die einzelnen Herzschläge gar nicht spüren kannst … … oder nur ganz wenig, weil wirklich alles in Ordnung ist … … Du konzentrierst dich auf das Gefühl der Ruhe … … Je mehr es dir gelingt, die Ruhe des Augenblicks jetzt zu spüren, umso besser und schneller kann dein Anker auch eingerichtet werden … … Jetzt musst du dich um gar nichts kümmern … … Jetzt musst du gar nichts tun und gar nichts leisten … … Jetzt hast du Ruhe … … Jetzt spürst du auch Ruhe … … Jetzt kannst du Ruhe genießen … … einfach Ruhe genießen … …

Einrichten des Ankers
Jetzt in der angenehmen Entspannung ist es leicht zu spüren, dass dein Herz gesund ist und gesund schlägt … … Das geht jetzt schon viel besser als früher … … Du nimmst dich selbst in diesem Augenblick an und fühlst dich gesund … … Je deutlicher du die Entspannung jetzt fühlen kannst, umso besser kannst du auch spüren, dass du gesund bist … … dass dein Herz gesund ist … … Spüre also die Entspannung und spüre dein gesundes Herz … … Jetzt … … Jetzt gelingt es … … Du kannst Ruhe spüren und Gesundheit … … Nun gebe ich dir das Kärtchen in die Hand … … *[Berühren Sie den Klienten an der Hand und übergeben Sie ihm das Kärtchen. Er kann die Augen geschlossen halten.]* … … Fühle das Kärtchen in der Hand … … Du weißt, was darauf steht … … dort steht … … *Mein Herz ist gesund und*

schlägt gleichmäßig, denn alles ist in Ordnung ... ... Du denkst über diesen Satz nach, über diese Haltung ... ... Du spürst, dass wirklich alles in Ordnung ist ... ... Du erkennst, dass du wirklich gesund bist ... ... dass dein Herz wirklich gesund ist ... ... Die Karte wird für dich zu einem Schalter ... ... Sobald du sie ansiehst, den Satz darauf liest, wird er zu deiner Wahrheit, die sich tief einprägt ... ... Die Karte erinnert dich daran, dass du gesund bist und dass dein Herz gesund ist ... ... Sie hilft dir, denn immer wenn du sie bei dir trägst, schenkt sie dir Ruhe und Vertrauen ... ... es genügt, dass du sie bei dir trägst, weil dein Unterbewusstsein die Karte als Signal deiner Sicherheit abgespeichert hat ... ... als Signal der Gesundheit ... ... Und immer wenn auch nur das Gefühl von Angst aufkommen könnte, nimmst du die Karte wieder in die Hand und liest, was darauf steht ... ... und sofort wird es in dir ruhig ... ... denn sofort geht dein Unterbewusstsein in diesen ruhigen Zustand, den du jetzt spürst ... ... Dein ganzer Organismus geht in diesen ruhigen Zustand, wenn du die Karte in die Hand nimmst und liest ... ...

Festigung (Posthypnotischer Auftrag)
Du kannst die Karte mit dir tragen, jeden Tag ... ... und immer dann, wenn du das Gefühls hast, dass dich Angstgefühle einholen oder einfangen könnten ... ... kannst du sie in die Hand nehmen und lesen, was darauf steht ... ... *Mein Herz ist gesund und schlägt gleichmäßig, denn alles ist in Ordnung* ... ... und sofort fühlst du tief in dir wieder Ruhe und Vertrauen ... ... und du fühlst, dass dein Herzschlag ruhiger wird ... ... so ruhig wie jetzt ... ... genau so ruhig wie jetzt ... ... mit nur einem Blick auf die Karte ... ... selbst dann, wenn du die Karte in der Hand hältst oder sie berührst, ohne sie zu lesen, findest du sofort Ruhe und Vertrauen ... ... so wie heute ... ... jeden Tag ganz genau so wie heute ... ...

Hauptteil 7: Von außen nach innen
Somato-emotionale Therapie

Die folgende Hypnose arbeitet mit der Verbindung von Emotion und Körper. Da sich alle Gefühle, ebenso wie Gedanken, in körperlichen Reaktionen zeigen, manchmal deutlich, häufig auch sehr diskret, kann mit Hilfe von Fokussierung auf Körperwahrnehmungen und achtsamer Hinwendung zu den Signalen des Körpers an der Problemlösung gearbeitet werden. Der Klient soll seine tief liegenden Gefühle körperlich spüren können und damit auf Anzeichen der emotionalen Veränderung schneller reagieren können. Suggestive Techniken helfen dabei, über eine Beeinflussung der Körperempfindungen auch Emotionen zu verändern, denn nicht nur die Gefühle erzeugen Körperreaktionen, gezielter Körpereinsatz wirkt auch auf die Empfindungen. Freude erzeugt beispielsweise ein Lächeln, umgekehrt bewirkt ein absichtliches Lächeln auch eine tendenzielle Aufhellung der inneren Stimmung.

Zielformulierung und Vorbereitung
Du kennst die Angst um dein Herz und du weißt, dass sie sachlich nicht begründet ist … … Doch Angst ist ein Gefühl und braucht keine Begründung … … Du weißt gleichzeitig, dass dein Herz gesund ist und dass die Herzangst keine wirkliche Gefahr betrifft … … Deshalb kannst du auch daran arbeiten, dein Gefühl zu verändern … … Das klingt vielleicht gar nicht so einfach … … und doch ist es möglich und meistens sogar einfacher als gedacht, die eigenen Gefühle zu verändern … … Bei genauer Betrachtung ist es nämlich nicht das Gefühl der Angst, sondern ein unerklärbares, noch nicht so richtig greifbares Gefühl … … und solche Gefühle werden in unserer Bewertung dann zur Angst … … Angst ist also

manchmal ein Urteil, ein Gedanke ... ... So ist es mit der Angst um dein Herz und mit der Angst vor dem Herzstillstand oder vor dem Herztod ... ... Du kennst diese Angst ... ... Ein schneller Herzschlag, der plötzlich so deutlich wird, dass du denkst, das Herz rast davon ... ... In Wahrheit schlägt es langsamer als es sich dann anfühlt ... ... Es soll daher heute darum gehen, dein Körpergefühl zu stärken ... ... dafür zu sorgen, dass du deinen Herzschlag so wahrnimmst, wie er tatsächlich ist ... ... und deinen Körper gleichzeitig zu beauftragen, dein Herz zu beruhigen ... ... jetzt und immer wieder ... ... Jetzt ist dein Herz ruhig und schlägt gleichmäßig ... ... Dieser Zustand hilft deinem Körper, zu lernen, schnell ruhig zu werden ... ... schnell genau diesen Zustand einzunehmen ... ... und darin zu bleiben ... ...

Somato-emotionale Veränderung
Atme nun tief ein und langsam und lange aus, damit du noch ruhiger wirst ... ... *[Im Atemrhythmus des Klienten, bitte!]* ... ... tief ein ... ... und aus ... ... und ein ... ... und aus ... ... ein ... ... aus ... ... ein ... ... aus ... ... Gut so ... ... Mit jedem Atemzug wirst du ruhiger ... ... Dein Herz schlägt ruhig und gleichmäßig ... ... Und nun spüre die Ruhe deines Körpers ganz bewusst ... ... Spüre die angenehme Ruhe ... ... Spüre zuerst deine Füße ... ... Die Füße tragen dich den ganzen Tag, doch jetzt dürfen auch sie ruhen ... ... Deine Füße sind ganz ruhig ... ... und diese Ruhe fließt langsam in deine Beine ... ... Auch deine Beine sind ruhig und entspannt ... ... ganz entspannt sind deine Beine ... ... Die Waden sind entspannt und du spürst diese Ruhe und Entspannung ... ... So entspannt müsste dein Körpergefühl immer sein ... ... So ruhig müsste dein ganzer Körper sein ... ... Und genau diese Ruhe fließt weiter in deine Oberschenkel ... ... Mit jedem Atemzug strömt diese sanfte Ruhe immer weiter von deinen Füßen in die Beine ... ... Deine Beine sind vollkommen ruhig und entspannt ... ... und werden immer ruhiger mit jedem Atemzug ... ... immer ruhiger ... ... und das angenehme und entspannte Gefühl fließt weiter

bis in den Oberkörper … … Dein Bauch entspannt sich weiter und auch dein Rücken spürt die Entspannung, die von den Füßen bis nach oben steigt … … Nun konzentriere dich auf deine Hände … … Auch deine Hände sind ganz entspannt … … liegen locker neben deinem Körper … … und jeder einzelne Finger spürt die Entspannung … … Jeder Finger ist tief entspannt und ganz ruhig … … Und diese schöne Ruhe fließt von deinen Fingern über die Hände bis in die Arme … … Deine Unterarme sind entspannt … … Du spürst die Entspannung der Unterarme mit jedem Atemzug besser … … Ganz entspannte Finger und ganz entspannte Hände … … und ganz entspannte Unterarme … … Und von dort aus fließt die Entspannung zu den Oberarmen und in deine Schultern … … Du spürst die Entspannung von den Fingerspitzen bis in die Schultern … … Von außen fließt die Ruhe und Entspannung des Körpers langsam nach innen … … von außen nach innen … … Ruhe strömt langsam von den Fußspitzen über die Unterschenkel zu den Oberschenkeln … … von dort aus in den Bauch und in den Rücken … … Und von den Fingerspitzen fließt ebenso Ruhe über die Hände … … zu den Unterarmen und bis in die Oberarme … …. Weiter zu den Schultern … … und von dort aus zum Herzen … … So strömt die gesamte Ruhe und Entspannung, die du in deinem Körper spüren kannst, von außen nach innen … … von den Füßen bis zum Herzen … … von den Fingerspitzen bis zum Herzen … … und schließlich fühlst du Ruhe und Entspannung in deinem ganzen Körper … …

… … Dein Herz schlägt ruhig und gleichmäßig … … ganz ruhig und gleichmäßig … … denn Ruhe fließt von außen nach innen … … Dein Körper speichert diesen Weg jetzt für dich … … Dein Körper trainiert in diesem Augenblick, immer wieder Ruhe und Entspannung von außen nach innen bis zum Herzen fließen zulassen … … Wann auch immer Angst aufkommen könnte … … Sofort lässt dein Körper jede Entspannung, die er finden kann, von außen nach innen fließen, bis zum Herzen … … So wird dein Herzschlag sofort ruhiger … … so wie jetzt … … So wirst du selbst in deinen Gedanken und in deinen Gefühlen sofort ruhiger … … so wie jetzt … … ruhiger und gelassener … … so wie jetzt … … Und dann spürst du, dass dein Herz ruhig und stabil schlägt … … ruhig und stabil … … so wie jetzt … … … Dein Herz schlägt gleichmäßig und gesund … … so wie jetzt … … Du kannst dich auf deinen Körper verlassen, denn er handelt für dich immer wieder so, wie er es jetzt gerade tut … … Dein Körper sendet immer wieder Ruhe und Entspannung von außen nach innen zum Herzen … … denn immer gibt es auch Körperteile, die gerade entspannt sind, immer … … und aus allen entspannten Bereichen sendet dein Körper Ruhe und Entspannung zu deinem Herzen … … Dein Herz schlägt damit immer gleichmäßig und gerade so schnell, dass es gut für dich ist … … Dein Körper sorgt für diesen natürlichen Ausgleich, weil du es jetzt zulässt … … und immer wieder sorgt dein Körper für diesen Ausgleich und lässt Ruhe und Entspannung von außen nach innen fließen … … immer wieder und jeden Tag … … immer wieder und jeden Tag … …

Festigung
Du kannst alle Gedanken loslassen, du musst nichts in Gedanken halten, denn dein Körper hat längst verstanden, wie es geht … … Dein Körper weiß, wie er für Ausgleich sorgen kann … … Dein Körper hat sich jetzt bereits darauf eingestellt, bei jeder Aufregung und bei jedem Angstgedanken sofort Signale der Ruhe und Entspannung von außen nach innen zu senden … … und dein Herz bleibt ruhig … … Dein Herz bleibt wirklich ruhig … … Und du bleibst innerlich ruhig und gelassen … … Du vertraust auf dein gesundes Herz … … denn es fühlt sich für dich auch wieder gesund an … … Gesunde Ruhe in einem gesunden Herzen … … gesunde Ruhe in deinem gesunden Herzen … … Jetzt … …

Hauptteil 8: Hand aufs Herz
Ideomotorik

Ideomotorik bezeichnet das Phänomen, dass unser Körper mit Bewegungen unseren Gefühle und Gedanken folgt. Im Alltag zeigt sich dieses Folgen als Körperhaltung, als Muskelspannung und Bewegungsmuster einer Person, die sich natürlich mit der Stimmungslage und den Gedanken verändern. In Trance können ideomotorische Signale genutzt werden, um Informationen zu erhalten, die der Klient nicht aktiv mitteilen kann. Das Unterbewusstsein kann beispielsweise mit einem vereinbarten Fingersignal Fragen beantworten. Natürlich können ideomotorische Reaktionen auch suggestiv eingesetzt werden, beispielsweise bei Armlevitationen und Katalepsien. Eine ideomotorische Vorgehensweise stärkt das Vertrauen in die Hypnose und in die eigene Veränderungsfähigkeit und fördert damit die Therapie.

Zielformulierung und Vorbereitung
Du willst die Angst loslassen … … Du weißt, dass dein Herz gesund ist, doch irgendwie ist es gekommen, dass die Angst sich dort festgesetzt hat … … Doch heute kannst du die Angst wieder von deinem Herzen trennen … … Du kannst sie wegnehmen und loslassen … … Das geht in zwei Schritten … … Zuerst koppelst du die Angst von deinem Herzen ab und dann lässt du sie ganz los, damit sie ganz verschwindet … … Hierzu lade ich dein Unterbewusstsein ein, mit mir und mit dir zusammen zu arbeiten … … Mit Hilfe deines Unterbewusstseins gelingt dir heute die Beseitigung der Angst … … Dein Unterbewusstsein kann dir helfen und noch mehr … … Es kann dir anzeigen, dass es die Angst abgelöst hat und losgelassen hat … … und vielleicht fragst du dich, wie das gehen kann … … Du erlebst es in wenigen Augenblicken … …

Armlevitation mit ideomotorischem Auftrag
Stell dir einmal vor, dein Unterbewusstsein könnte für dich deinen Arm leicht werden lassen … … so leicht, dass dein Arm in die Luft steigt wie schwerelos … … Wenn dein Unterbewusstsein das kann, dann kann es für dich auch die Angst vom Herzen trennen … … Daher vereinbare ich mit deinem Unterbewusstsein nun Folgendes: Das Abtrennen der Angst vom Herzen soll dadurch angezeigt werden, dass dein Unterbewusstsein deine rechte Hand auf dein Herz legt … … als Zeichen der inneren Veränderung … … Die Vereinbarung steht, denn dein Unterbewusstsein hat mich verstanden … … Nun stell dir vor, dass dein Unterbewusstsein deinen rechten Arm bewegt … … Dein rechter Arm wird ganz leicht und wird von deinem Unterbewusstsein angehoben … … Schritt für Schritt … … Lass es einfach zu, dann bewegt sich dein rechter Arm wie von selbst … … Dein Arm wird langsam angehoben … … steigt nach oben, federleicht … … und du musst dafür nichts tun, musst deinem Arm nicht helfen … … Dein Arm bewegt sich nach oben … …

> *[Bitte dran bleiben. Die suggestive Aufforderung führt dazu, dass der Arm langsam angehoben wird. Das kann einige Minuten dauern, doch es wird geschehen. Zuerst sollte der Arm sich etwas nach oben bewegen. Dann suggerieren Sie bitte die Bewegung zum Herzen hin.]*

… … Und nun ergreift dein Unterbewusstsein die Angst, um sie abzulösen … … Deine Hand bewegt sich zu deinem Herzen hin … … Deine Hand bewegt sich zu deinem Herzen und legt sich in wenigen Augenblicken auf dein Herz … … Deine Hand bewegt sich zu deinem Herzen hin … … und sobald deine Hand deinen Körper berührt, wird die Angst gelöst … … vom Herzen getrennt … … Deine Hand legt sich fest und stabil auf dein Herz … … Deine Hand legt sich fest und stabil auf dein Herz … …

[Bleiben Sie auch hier dran, bis die Hand flach und mit etwas Druck auf dem Körper des Klienten liegt, in der Herzgegend. Das ist als ideomotorische Bewegung genauso einfach wie eine Armlevitation.]

… … Gut so … … sehr gut … … Deine Hand hat sich auf deinen Körper gelegt, ganz ohne deine Hilfe … … Dein Körper hat das für dich gemacht … … Dein Unterbewusstsein hat das gesteuert … … Der erste Schritt ist erledigt … …

Katalepsie mit suggestivem Auftrag
… … Spüre nun die Hand auf deinem Körper … … Das ist das Zeichen, das Signal deines Unterbewusstseins … … Jetzt wird die Angst von deinem Herzen getrennt … … Jetzt wird die Angst wirklich von deinem Herzen abgelöst … … Das geschieht tief in deinem Inneren und dein Unterbewusstsein zeigt dir jeden Schritt mit der Bewegung deiner Hand … … Der erste Schritt ist vollzogen, denn deine Hand liegt auf deinem Herzen … … Jetzt wird die Angst gelöst … … Sie strömt vom Herzen in die Hand … … Vielleicht spürst du ein leichtes Kribbeln oder etwas Wärme in deiner Hand, weil jetzt die Angst gelöst wird und in die Hand strömt … … oder sie fühlt sich ganz normal an, weil du jetzt so entspannt bist, dass du dich nur noch mit angenehmen Gedanken und Empfindungen beschäftigst … … Jetzt wird die Angst von dir getrennt … … Deine Hand ergreift die Angst … … Du spürst die Hand auf deinem Körper … … Die Angst ist vom Herzen getrennt … … Die Hand ergreift die Angst … … Jetzt kann der nächste Schritt folgen … … Das Loslassen der Angst … … Auch diesen Schritt zeigt dein Körper dir an … … denn wieder wird sich deine Hand bewegen … …

Lösen der Katalepsie und Ideomotorik mit ideomotorischem Auftrag
Du hast schon viel erreicht … … Deine Angst ist tatsächlich schon vom Herzen getrennt … … Jetzt kann dein Organismus die Angst vollständig loslassen … … Hierzu bewegt sich dein Arm nun wieder von deinem Körper weg … … Die Hand löst den Kontakt zu deinem Körper und der Arm wird wieder angehoben … … Dein Unterbewusstsein macht das für dich … … Dein Arm wird angehoben und bewegt sich wieder neben deinen Körper… … Dein Arm wird beweglich und sinkt auf die Unterlage, neben deinen Körper … … Das macht dein Arm in genau der Geschwindigkeit, die dein Unterbewusstsein braucht, um die Angst ganz loszulassen … …

> *[Wieder dran bleiben, ggf. einige Suggestionen ergänzen. Der Arm wird der suggestiven Aufforderung folgen und sich neben den Körper bewegen und wieder locker und beweglich werden.]*

… … Gut so … … So ist es richtig … … Dein Arm erreicht die Unterlage und die Angst verschwindet für immer … … Die Angst verschwindet für immer … …

Festigung
Jetzt ist alles gut … … Die Angst ist gelöst und du hast sie losgelassen … … Ab sofort fühlst du die Gesundheit deines Herzens … … Ab sofort bleibst du gelassen und ruhig und weißt, dass dein Herz gesund ist … … denn die Angst ist vorüber … … ist verschwunden … … Selbstvertrauen und Selbstsicherheit entfalten sich in dir und breiten sich aus … … Selbstsicherheit und Vertrauen verbinden sich nun mit deinem Herzen … … Vertrauen im Herzen … … Vertrauen in deinem Herzen … … tiefes Vertrauen, tief in deinem Herzen … … Jetzt … …

Hauptteil 9: Ich atme ein, Ich atme aus
Selbsthypnose-Trigger

Ein Selbsthypnose-Trigger ist ein Signal, das den Zustand der Trance einleitet. Mit seiner Hilfe kann auch ein ungeübter Klient zu Hause mit Selbsthypnose weiter arbeiten. Natürlich kann er „nur" mit einfachen Suggestionen, die er sich gut merken kann und die wir vorbereiten sollten, oder auch mit einfachen Visualisierungen arbeiten. Getriggerte Selbsthypnose ist ein sehr gutes Hilfsmittel, um dem Klienten eine Aufgabe mit zu geben und die Therapie zu fördern. So verläuft die Zeit zwischen den Terminen in der Praxis nicht ohne Therapie, sondern sie wird zu Hause fortgesetzt. Eine vollkommen selbstgesteuerte Selbsthypnose, ohne Trigger, ist auch gut erlernbar, braucht jedoch viel Zeit und Übung. Den Trigger einzurichten, ist eine ziemlich einfache Aufgabe und entlastet natürlich den Klienten, dem ich das Trainieren einer selbstgesteuerten Selbsthypnose nicht aufbürden möchte. Allen Unkenrufen zum Trotz behaupte ich auch hier, dass es wirklich kein Problem ist, einem Klienten eine einfache Trigger-Selbsthypnose beizubringen. Es ist nicht gefährlicher als eine Meditation oder ein autogenes Training oder Yoga. Das überlebt man auch unbeschadet zu Hause. Ich habe zahlreiche Patienten in meiner Praxis erlebt, die nicht nur gut mit Selbsthypnose klar gekommen sind, sondern Spaß daran hatten. Und wenn ein Patient gerne eine Selbsthypnose macht, so einfach die Suggestion auch aussehen mag, dann ist das eine sehr gute Unterstützung der Compliance. Besprechen Sie den Ablauf einmal vor der Hypnose und geben Sie dem Klienten eine kurze stichwortartige Liste mit den Schritten der Selbsthypnose mit, damit er einen kleinen Leitfaden hat. Im Anhang des Buches finden Sie ihn. Kopieren Sie ihn gerne für Ihre Klienten. Und es ist auch im Zeitbudget einer Sitzung möglich, dass der Klient/Patient den Ablauf einmal in Ihrem Beisein ausprobiert.

Vorbereitung und Fokussierung auf die bestehende Trance
Wir bereiten nun gemeinsam die Selbsthypnose vor, denn Selbsthypnose kannst du nutzen, um dich jeden Tag auf Ruhe und Sicherheit einzustellen ... ... um Vertrauen in dein Herz zu finden und dir sicher zu sein, dass dein Herz gesund ist ... ... Die Selbsthypnose ist einfach, wenn wir sie hier gemeinsam vorbereiten und genau das tun wir ... ... Jede Selbsthypnose hilft dir dabei, die Angst loszulassen und dich wieder sicher zu fühlen ... ... Nun konzentriere dich auf das Gefühl der Entspannung ... ... ein gutes und bequemes und sicheres Gefühl ... ... ruhig und gelassen und doch ganz normal, ganz selbstverständlich ... ... In diesen Zustand kannst du selbst kommen und ihn dann für dich nutzen ... ... Das ist tatsächlich einfach... ... Wir machen das jetzt gemeinsam ... ... Spüre, wie bequem es sich anfühlt, innerlich so ruhig zu sein ... ...

Einrichten des Triggers
Du kannst diese Trance selbst herstellen ... ... überall, auch bei dir zu Hause ... ... Hierzu machst du einfach Folgendes ... ... Du schließt die Augen und atmest ganz bewusst und ruhig ein und aus ... ... und du flüsterst beim Einatmen ... ... *Ich atme ein* ... ... Beim Ausatmen flüsterst du ... ... *Ich atme aus und geh' in Trance*... ... und das wiederholst du solange, bis du müde wirst ... ... Achte immer darauf, wirklich beim Einatmen und beim Ausatmen zu flüstern ... ... Das geht ganz gut, du kannst es in einigen Minuten ausprobieren ... ... Wiederhole dies bis du wirklich müde wirst ... ... das geht sehr rasch ... ... Mach es dir immer sehr bequem, so bequem wie möglich ... ... Dann schließ die Augen und beginne mit deinem Ritual ... ... Achte bewusst auf den Rhythmus deiner Atmung und flüstere ... ... *Ich atme ein* ... ... *Ich atme aus und geh' in Trance* ... ... *Ich atme ein* ... ... *Ich atme aus und geh' in Trance* ... ... und sehr rasch wirst du müde und gehst tatsächlich in eine schöne Trance ... ...

Aneignung der Vertiefung
Danach kannst du die Trance noch vertiefen, damit du noch einfach noch tiefer entspannen kannst … … Auch das ist sehr einfach … … Flüstere zehnmal … … *Ich gehe jetzt tiefer in Trance* … … und zähle dabei bis *Zehn* … … Das geht so … … *Ich gehe jetzt noch einmal tiefer in Trance* … … *Ich gehe jetzt noch zweimal tiefer in Trance* … … *Ich gehe jetzt noch dreimal tiefer in Trance* … … und so weiter … … bis du schließlich bei *Zehn* ankommst und flüsterst … … *Ich gehe jetzt noch zehnmal tiefer in Trance* … … und mit jeder Wiederholung und mit jedem Zählen gehst du dann tatsächlich tiefer in Trance … … Einerseits bleibst du wach genug, um weiter zu sprechen und deine Selbsthypnose zu führen … … Andererseits gehst du auch in eine tiefe Trance … … Das geht tatsächlich gleichzeitig … …

> *[Für Vertiefung und Hauptteil empfehle ich mit den Suggestionen zu zählen … einmal … zweimal etc. Das hat den Vorteil, dass der Klient nicht durch die Frage abgelenkt wird, wie oft er jetzt die Suggestion wiederholt hat. Es kommt nicht wirklich auf zehn Wiederholungen an, in Trance kann er so aber leichter den roten Faden halten. Sie können bei den Aneignungen natürlich auch alle zehn Wiederholungen vorsprechen. Immerhin wirken sie in dieser Hypnose ja auch suggestiv. Es ist also nicht nur ein Selbsthypnosetraining, sondern eine Hypnose.]*

Aneignung der Suggestion oder Visualisierung (Selbsthypnosehauptteil)
Dann folgt der wichtige Teil der Suggestion … … Du nutzt eine Selbstsuggestion, die deinem Unterbewusstsein hilft, die Angst jederzeit loszulassen, noch bevor sie wirklich aufkommt … … und dir hilft die Suggestion, immer wieder sehr rasch in einen wirklich ruhigen und vertrauensvollen Zustand zu kommen … … Du flüsterst die Suggestion ebenfalls zehnmal … … Zehnmal sagst du … … Mein Herz

ist gesund und ich bleibe vollkommen ruhig … … Denke daran, immer zu zählen … … Sag also … … *Mein Herz ist gesund und ich bleibe einmal vollkommen ruhig* … … *Mein Herz ist gesund und ich bleibe zweimal vollkommen ruhig* … … *Mein Herz ist gesund und ich bleibe dreimal vollkommen ruhig* … … und schließlich … … *Mein Herz ist gesund und ich bleibe zehnmal vollkommen ruhig* … … und dann darfst du die Ruhe genießen … …

Aneignung der Ausleitung
Dann kommt die Ausleitung, die du ebenfalls selbst machen kannst … … Es ist einfach, weil dein Unterbewusstsein für dich lernt … … Stell dir vor, es gibt einen Durchzug und es wird so richtig kalt … … Dann sage laut und deutlich … … *Ich komme jetzt zurück und werde wach* … … dann zähle schnell und laut bis *Drei* und mach die Augen auf … … Du kannst das, also noch einmal … … Um wieder wach zu werden stellst du dir Durchzug vor … … und dann sagst du mit kräftiger Stimme … … *Ich komme jetzt zurück und werde wach – Eins – Zwei – Drei* … … und dann bist du plötzlich richtig wach und kannst die Augen öffnen … … So einfach ist es … …

Festigung
Du hast gelernt und verstanden, wie Selbsthypnose gemacht wird … … Du kannst jetzt eine Selbsthypnose machen und selbst daran arbeiten, dass du deinem Herzen wieder vertraust … … Dein Unterbewusstsein hat für dich gelernt, dir zu helfen … … Deine Atmung bringt dich in Trance, die du vertiefst mit den Worten … *Ich gehe jetzt noch tiefer in Trance* … Dann folgt deine Suggestion … *Mein Herz ist gesund und ich bleibe vollkommen ruhig* … und am Ende stellst du dir Durchzug vor und sagst … *Ich komme jetzt zurück und werde wach – Eins – Zwei – Drei* … …

Hauptteil 10: Die Straße der Angst
Fantasiereise der Traumlandtherapie

> *Der folgende Hypnosetext arbeitet mit einer Fantasiereise (Trancegeschichte). Das bedeutet, dass eine Abfolge von Szenen wie eine kleine Geschichte ausgewählt wird, als Stellvertreter für die emotionalen Hintergründe des behandelten Problems. Durch Auseinandersetzung auf der Gefühlsebene ändern sich Einstellungen, Haltungen und Bewertungen. Hier sind Suggestionsregeln weniger von Bedeutung als Vorstellungskraft und innere Kreativität des Klienten. Die Bilder werden daher teilweise mit vielen Details angeboten, andererseits auch vieles bewusst offen gelassen. Es handelt sich bei dieser Vorgehensweise um eine kooperative Art der Hypnose. Informationen zur Traumlandtherapie sowie Möglichkeiten, diese selbst zu erlernen, gibt es auf www.traumlandtherapie.de!*

Ankommen im Land der Träume
Es gibt ein ganz besonderes Land, das du dir vorstellen kannst … … es ist das Land der Träume … … Dieses Land der Träume wartet auf dich … … Es befindet sich an einem geheimen Ort, an den nur du gehen kannst … … geheim aber ganz nah … … Konzentriere dich auf die Mitte deines Körpers, auf das Sonnengeflecht, und richte deine gesamte Achtsamkeit dorthin … … Tauche mit deiner gesamten Aufmerksamkeit durch das Sonnegeflecht in deinen Körper ein … … versinke mit jedem Atemzug tiefer und tiefer in dir selbst … … mit jedem Atemzug tiefer … … Damit kannst du tiefer spüren und tiefer blicken als du denkst … … Du tauchst damit ein in die tiefste Welt deiner eigenen Kreativität und Fantasie … … in das Land deiner Träume … … Vielleicht weißt du ja, dass Traum und Wirklichkeit nur einen Atemzug voneinander entfernt sind … …

Konfrontation, Klärung und kreative Neuausrichtung
Du stehst mitten auf einer alten Straße … … eine Straße mit einigen Unebenheiten und mit Schlaglöchern … … Es ist die Straße der Angst, auf der du schon so lange gehst … … Doch im Land der Träume gibt es keine Angst … … hier gibt es nur Vorstellungen davon … … Erinnerungen, die du betrachten und verstehen kannst … … Hier kann dir nichts geschehen … … Hier schlägt dein Herz ganz ruhig und gleichmäßig … … Also kannst du heute auch auf dieser Straße gehen … … Dein Ziel im Land der Träume bist immer du selbst … … nichts anderes kannst du hier finden als dich selbst … … und deshalb ist die Straße der Angst auch ungefährlich hier … … Du gehst also los auf der Straße der Angst, die dich auf deinem heutigen Weg durch das Land der Träume an Bildern vorbei führt, die dir etwas über dich und deine Herzangst zeigen … … Sie zeigen dir, wie das so oft war in den angstvollen Momenten, in den Augenblicken als die Angst vor dem Herztod plötzlich hereinbrach und dich ganz ergriffen hat … … Das hast du oft erlebt, sehr oft … … vor Jahren schon, aber auch in der jüngeren Vergangenheit … … Du wirst auf dieser Reise von einer Person deiner Wahl begleitet, die dich besonders gut trösten kann oder könnte, wenn eine plötzliche Angstattacke aufkommt in deinem Alltag und dieser Mensch dann bei dir wäre … … Wer auch immer das ist, der dir in den Sinn kommt oder der sich einfach vor deinem inneren Auge zeigt … … Lass dich begleiten von dieser Person … … Lass dir heute im Land der Träume von diesem Menschen helfen, denn nur deshalb ist er hier … … um dir zu helfen … … um dir jetzt zu helfen … …

… … Als erstes kommst du zu einem Bild, das dir zeigt, wie du einmal eine Angstattacke unterwegs hattest, auf offener Straße oder in einer Menschenmenge … … Ganz plötzlich begann dein Herz zu rasen und die Angst war da, du konntest gar nichts dagegen unternehmen … … vielleicht haben dich die Leute angestarrt, vielleicht hast du das aber auch gar nicht bemerkt, weil du mit dir und mit deinem

Überleben beschäftigt warst … … Zumindest kam es dir vor als würdest du ersticken oder sterben … … Du dachtest, dein Herz würde sich überschlagen und du den Herztod erleiden … … Du siehst dir das noch einmal an wie in einem Standbild … … und die Trösterin oder der Tröster, der jetzt bei dir ist, nimmt dich in den Arm und sagt dir, dass es nicht deine Schuld war, dass du auch nichts Falsches getan, gedacht oder gesagt hast … … Es war zu keiner Zeit deine Schuld … … und dann nimmst du dich auch selbst in den Arm, tröstest dich selbst für das erfahrene Leid in der Angst und für das Leid der früheren Zeit, auch dann, wenn früheres Leiden nichts mit Angst zu tun gehabt hätte … … Dann löst sich dieses Bild der unangenehmen Situation vor deinen Augen auf, denn es hat längst ausgedient … … Du brauchst es nicht mehr … … Dann gehst du weiter, begleitet von deinem Tröster oder deiner Trösterin und kommst zu einem Bild, das dir zeigt, wofür du am meisten ein schlechtes Gewissen hattest oder bis heute hast … … vielleicht ein Bild, das gar nichts mit deiner Herzangst zu tun hat, jedenfalls nicht auf den ersten Blick … … vielleicht siehst du hier etwas, das du versäumt hast … … etwas, das du getan hast und später gedacht hast, du hättest es nicht tun sollen … … oder dir gewünscht hast, es möge ungeschehen sein … … Doch das ist nicht möglich, es ist so geschehen, wie es eben war, nichts und niemand kann es jemals ungeschehen machen, so wie alles, was in deinem Leben geschehen ist, nicht mehr ungeschehen gemacht werden kann … … Der Mensch, der dich zum Trost begleitet, nimmt dich auch hier in den Arm und hält dich fest, tröstet dich für deinen Schmerz und dein Leiden … … für das schlechte Gewissen und deine Schuldgefühle, damit du sie loslassen kannst … … Dann nimmst du dich selbst in den Arm, um dich selbst zu trösten für alle Belastungen und Beschwernisse, die du bis heute tragen musstest … … Du kommst zu einer Quelle, aus der frisches Wasser sprudelt … … Du hörst das Geräusch des sprudelnden Wassers und setzt dich an diese Quelle … … Du tauchst deine Hände in das angenehm frische Wasser … … Heute darfst du deine Hände in Unschuld waschen … … Du reinigst deine Hände solange bis in dir das Gefühl entsteht, dass du deine Schuldgefühle jetzt loslassen kannst … … Das Land der Träume sagt dir heute, dass vor allem die Gefühle, die gar nicht unsere eigenen waren, zu den vielen Schwierigkeiten in unserem Leben führen … … So ist dann auch ein großer Teil unserer Schuldgefühle nicht in uns selbst geboren, sondern in den Gefühlen, die wir einst für unsere gehalten haben oder heute noch dafür halten … … Doch es sind nur Scheingefühle … … Oftmals im Leben hast du dich schuldig gefühlt oder ein schlechtes Gewissen gehabt … … Du fühlst tief in dir, dass das meistens so war, weil dir einst gesagt wurde, dass du schuldig wärest … … So hast du dich dann sogar schuldig gefühlt, weil du Angst um dein Herz hattest … … weil andere das nicht verstehen konnten … … Diese Schuldgefühle lässt du nun los … … Dein Tröster oder deine Trösterin hilft dir dabei, all diese alten Schuldgedanken und Schuldgefühle, die niemals deine eigenen waren, loszulassen und dich wieder frei zu fühlen … … wieder zu spüren, dass dein Herz gesund ist … …

Achtsamkeit und Selbsttreue
Du atmest tief ein und aus und es wird dir klar, dass es die alten Schuldgefühle waren, die dazu geführt haben, dass du diese Angst bekommen konntest … … Tief in dir hast du einst daran geglaubt, bestraft werden zu müssen, doch das Land der Träume kennt keine Strafen … … Hier begegnest du dir selbst mit Offenheit und mit Zuneigung … … Zuneigung, die deine Trösterin oder dein Tröster für dich hat … … Zuneigung, die du für dich selbst hast … … Du begegnest dir mit Selbstliebe … … mit Liebe von dir für dich … … Liebe von dir für dich … … Du gehst weiter und denkst darüber nach, dass das Land der Träume tatsächlich existiert … … es liegt ganz tief in dir drin … … Dort war es schon immer … … Ich erzähle dir nur davon … …

Übergang zur Ausleitung 1:

Nun wirst du bald wach werden, und dein Organismus bereitet sich darauf vor ... ... Lass dir Zeit und stell dich langsam darauf ein, wieder zurück zu kommen in das Leben ... ... in deiner Geschwindigkeit ... ... in deinem eigenen Tempo deinen Körper mit Leben zu erfüllen ... ... deinen Verstand und deinen Geist mit Leben zu erfüllen ... ... wieder ganz und gar lebendig und wach zu werden und zu bleiben ... ... ganz und gar lebendig und wach zu werden und zu bleiben ... ...

> *[Sofern mit Körpersignalen gearbeitet wurde, sollten die betreffenden Suggestionen zurückgenommen werden. „Du hast die volle Kontrolle über deinen Arm und deine Finger".]*

... ... Du fühlst die Verbindung zu deinem Körper und bist dir darüber im Klaren, dass Körper und Geist nun den Rückweg in das wache Leben antreten ... ...

Übergang zur Ausleitung 2:

Bald musst du wieder vollkommen wach werden ... ... wieder in deinen Alltag zurückkehren und aktiv handeln ... ... Wir sind am Ende deiner heutigen inneren Reise angekommen ... ... eine Reise, die dich zu dir selbst geführt hat, um Kraft und Mut zu finden ... ... um zu erkennen, dass du vieles durchhalten kannst, was du dir vielleicht nicht mehr zugetraut hast ... ... Doch jetzt bist du wieder voller Vertrauen und Stärke ... ... Also kommst du jetzt wieder zurück in die Gegenwart des Augenblicks ... ... Die Reise ist zu Ende und vielleicht ist genau dieses Ende auch der Anfang für etwas vollkommen Neues und Schönes ... ... Nun kommt es darauf an, dass du wieder vollkommen wach wirst ... ... Nun ist es an der Zeit, wieder im Augenblick der Gegenwart anzukommen und dich in den Raum hinein zu orientieren, indem wir beide uns befinden ... ...

[Sofern mit Körpersignalen gearbeitet wurde, sollten die betreffenden Suggestionen zurückgenommen werden. „Du hast die volle Kontrolle über deinen Arm und deine Finger".]

... ... Meine Stimme führt dich, zeigt dir den Weg zurück ... ... Du hörst mich klar und deutlich und folgst einfach meiner Stimme, die dich zurück bringt ... ...

Übergang zur Ausleitung 3:

Lass nun einfach alle inneren Bilder langsam wieder los ... ... Alle Bilder lösen sich auf wie ein Nebel, der langsam verschwindet und dir einen klaren und neuen Blick bringt ... ... Lass deine Gedanken einfach hin und her gehen ... ... lass sie schweifen und lass dabei alle Bilder einfach los ... ... Stell dich darauf ein, bald wach zu werden und dann frei und offen für neue Gedanken zu sein ... ... frei und offen ... ... Für heute ist genug getan ... ... für heute ist genug erledigt ... ... Du stellst dich nun darauf ein, bald wieder geweckt zu werden ... ...

[Sofern mit Körpersignalen gearbeitet wurde, sollten die betreffenden Suggestionen zurückgenommen werden. „Du hast die volle Kontrolle über deinen Arm und deine Finger".]

... ... Bewege ganz bewusst deine Arme und Beine und informiere genau damit deinen Körper, dass er sich nun auf Aktivität und Bewegung, auf Wachheit und Klarheit einstellen soll ... ... gut so ... ...

Ausleitung 1:

Es ist soweit. Du musst jetzt wach werden. Ich zähle bis sieben, und wenn ich bei sieben angekommen bin, dann bist Du vollkommen wach. Vollkommen wach und gut erholt. Sobald ich bei sieben ankomme, bist Du vollkommen wach und öffnest einfach die Augen.

… Eins … Dein Körper wird wach …

… Zwei … Du fängst an, dich zu bewegen …

… Drei … Dein Gehör wird schärfer. Du hörst mich klar und deutlich …

… Vier … Dein Körper fühlt sich normal und gut an, du hast die volle Kontrolle über deinen Körper…

… Fünf …Du wirst wacher und wacher …

… Sechs … Meine Stimme wird lauter …

… Sieben … Du bist wach! Augen auf!

Ausleitung 2:

Dein Körper füllt sich mit Leben und Kraft. Von den Füßen bis zum Kopf wirst du dabei wacher. Das Aufwachen beginnt bei den Füßen. Deine Füße werden wach und bewegen sich. Vielleicht spürst du sie schon wieder etwas deutlicher. Dann wachen deine Beine auf und bewegen sich, zuerst die Unterschenkel und dann die Oberschenkel. Du bewegst deine Beine. Anschließend kann dein Bauch aufwachen, auch dein Rücken wacht auf. Dein Oberkörper bewegt sich als Zeichen deines Aufwachens. Du spürst die Unterlage unter deinem Körper. Dein Oberkörper wird wacher und wacher. Auch deine Arme wachen auf und bewegen sich. Du kannst dich jetzt recken und strecken. Schließlich wacht dein Kopf auf. Deine Gedanken werden klarer und du willst deine Augen öffnen. Du kommst zurück und bist wach. Du öffnest jetzt die Augen!

Ausleitung 3:

Ich hole dich jetzt zurück in das wache Leben. Konzentriere dich auf dein Gehör. Dann wirst du schon spüren, dass die Geräusche der Umgebung deutlicher werden. Du kannst dich mit deinen Ohren orientieren und ganz genau alle Geräusche aufnehmen, die hier in diesem Raum sind. Es ist so, als könntest du dein Gehör lauter drehen und dabei wach werden. Dreh also die Lautstärke hoch, dann hörst du mich lauter … … *[Werden sie lauter beim Sprechen, damit der Klient die Wirkung nachvollzieht.]* … … Als nächstes konzentriere dich auf deinen Tastsinn. Du kannst deine Umgebung über dem Körper spüren. Dann fühlst du zum Beispiel die Unterlage unter deinem Körper. Du kannst auch mit den Händen danach greifen und die Unterlage spüren. Auch dieser Sinn funktioniert hervorragend und du wirst dabei wach. Dann konzentriere dich auf deine Augen. Du kannst schon mit geschlossenen Augen etwas Licht erkennen, das durch deine Augenlider hindurch scheint. Um diesen Sinn noch zu verstärken, öffnest du nun langsam deine Augen. Öffne deine Augen. Du kannst deine Umgebung wieder sehen und bist wach.

Leitfaden Trigger-Selbsthypnose

1. In störungsfreier Umgebung bequem hinlegen und die Augen schließen. Einige Male ruhig ein und aus atmen.
2. Einleitung der Trance: Wiederholtes Flüstern ... *Ich atme ein, ich atme aus und geh' in Trance ...* Dabei bitte wirklich flüstern, die Suggestion nicht nur denken!
3. Vertiefung der Trance: Bitte langsam flüstern *Ich gehe jetzt noch einmal tiefer in Trance. Ich gehe jetzt noch zweimal tiefer in Trance ... ... Ich gehe jetzt noch zehnmal tiefer in Trance.*
4. Hauptteil: Folgende Suggestion bitte auch zehnmal flüstern:

_____

5. Ausleitung der Trance: Stellen Sie sich vor, Sie stehen im Durchzug und dann sagen Sie laut und deutlich: *Ich komme jetzt zurück und werde wach – Eins – Zwei – Drei!*
Öffnen Sie dann die Augen!
6. Trinken Sie ein Glas frisches, kühles Wasser und öffnen Sie ein Fenster und atmen frische Luft.

Buchreihe: Zehn Hypnosen

Zehn Hypnosen. Band 1: Raucherentwöhnung

Zehn Hypnosen. Band 2: Angst und Unruhezustände

Zehn Hypnosen. Band 3: Burn Out

Zehn Hypnosen. Band 4: Übergewicht reduzieren

Zehn Hypnosen. Band 5: Vergangenheitsbewältigung

Zehn Hypnosen. Band 6: Suizidgedanken und Suizidversuche

Zehn Hypnosen. Band 7: Psychoonkologie

Zehn Hypnosen. Band 8: Zwänge und Tics

Zehn Hypnosen. Band 9: Selbstvertrauen und Entscheidungen

Zehn Hypnosen. Band 10: Trauerarbeit

Zehn Hypnosen. Band 11: Psychosomatik

Zehn Hypnosen. Band 12: Chronische Schmerzen

Zehn Hypnosen. Band 13: Depressive Gedanken

Zehn Hypnosen. Band 14: Panikanfälle

Zehn Hypnosen. Band 15: Gewalterfahrungen

Zehn Hypnosen. Band 16: Posttraumatischer Stress

Zehn Hypnosen. Band 17: Prüfungsangst und Lampenfieber

Zehn Hypnosen. Band 18: Anti-Gewalt-Training

Zehn Hypnosen. Band 19: Suchttendenzen

Zehn Hypnosen. Band 20: Soziale Phobie und Kontaktangst

Zehn Hypnosen. Band 21: Fingernägel kauen
Zehn Hypnosen. Band 22: Selbstachtsamkeit und Selbstliebe
Zehn Hypnosen. Band 23: Zähneknirschen und Nachtbeißen
Zehn Hypnosen. Band 24: Schuldgefühle
Zehn Hypnosen. Band 25: Angst in Menschenmengen
Zehn Hypnosen. Band 26: Flugangst, Aviophobie
Zehn Hypnosen. Band 27: Angst in engen Räumen, Klaustrophobie
Zehn Hypnosen. Band 28: Tinnitus, Ohrgeräusche
Zehn Hypnosen. Band 29: Höhenangst
Zehn Hypnosen. Band 30: Neurodermitis
Zehn Hypnosen. Band 31: Die innere Mitte finden
Zehn Hypnosen. Band 32: Einsamkeit überwinden
Zehn Hypnosen. Band 33: Angst vor Krankheit, Hypochondrie
Zehn Hypnosen. Band 34: Erwartungsangst, Angst vor der Angst
Zehn Hypnosen. Band 35: Eifersucht
Zehn Hypnosen. Band 36: Autofahren und Angst
Zehn Hypnosen. Band 37: Neustart nach Trennung
Zehn Hypnosen. Band 38: Angst vor Spritzen
Zehn Hypnosen. Band 39: Herzangstneurose
Zehn Hypnosen. Band 40: Groll und Zorn überwinden
Zehn Hypnosen. Band 41: Blockadenlösung

Zehn Hypnosen. Band 42: Stressreduzierung, Stressverarbeitung
Zehn Hypnosen. Band 43: Körperentspannung
Zehn Hypnosen. Band 44: Tiefenentspannung
Zehn Hypnosen. Band 45: Angst im Dunkeln
Zehn Hypnosen. Band 46: Einschlafen und Durchschlafen
Zehn Hypnosen. Band 47: Kaufsucht
Zehn Hypnosen. Band 48: Restless Legs, Unruhige Beine
Zehn Hypnosen. Band 49: Bulimie
Zehn Hypnosen. Band 50: Anorexie
Zehn Hypnosen. Band 51: Albträume überwinden
Zehn Hypnosen. Band 52: Dysmorphophobie, eingebildete Entstellung
Zehn Hypnosen. Band 53: Misstrauen überwinden, Vertrauen finden
Zehn Hypnosen. Band 54: Misserfolge verarbeiten
Zehn Hypnosen. Band 55: Erniedrigung, seelische Kränkung
Zehn Hypnosen. Band 56: Quälendes Mitleid, Stellvertretendes Leiden
Zehn Hypnosen. Band 57: Selbstvergebung
Zehn Hypnosen. Band 58: Ich-Bewusstsein, Selbstbewusstsein
Zehn Hypnosen. Band 59: Nein sagen
Zehn Hypnosen. Band 60: Durchsetzungskraft
Zehn Hypnosen. Band 61: Abgrenzung und Selbstbehauptung
Zehn Hypnosen. Band 62: Entscheidungskraft

Zehn Hypnosen. Band 63: Erfolgsausrichtung

Zehn Hypnosen. Band 64: Grübeln, Gedankenkreisen

Zehn Hypnosen. Band 65: Schwangerschaft annehmen

Zehn Hypnosen. Band 66: Geburtsvorbereitung

Zehn Hypnosen. Band 67: Spirituelle Öffnung

Zehn Hypnosen. Band 68: Rückführungen in die Vergangenheit

Zehn Hypnosen. Band 69: Rückführungen in die Kindheit

Zehn Hypnosen. Band 70: Rückführungen in vergangene Leben

Alle Bücher des Autors im Überblick auf

www.praxissimon.de

Printed in Poland
by Amazon Fulfillment
Poland Sp. z o.o., Wrocław